Elogios entusiastas sobre *10-10-10*

De los principales medios...

"La mejor herramienta para tomar decisiones de todos los tiempos".

—*Glamour*

"Una estrategia para ganar".

—*Vanity Fair*

"[*10-10-10*] saca a la superficie el coraje que usted no sabía que tenía, le brinda la gran oportunidad de hacer cambiar y le da a su vida el final feliz que todo el mundo desea".

—*Los Angeles Times*

"Los lectores descubrirán no solamente sus valores más profundos, sino también la sabiduría para ponerlos en práctica con confianza y audacia... Todo aquel que se sienta estancado, presionado o simplemente demasiado emocionado para tomar decisiones importantes, encontrará la técnica de Welch útil, eficaz y racional".

—*Publishers Weekly*

"Si usted quiere estar absolutamente seguro de por qué ha tomado una decisión —y abandonar su posterior cuestionamiento y duda que consumen tanto tiempo y energía— este libro es para usted".

—*Reader's Digest (Selecciones)*

"Un inteligente libro de autoayuda. La estrategia 10-10-10 nos ayuda a desechar nuestros impulsos irracionales".

—*Time*

"Un secreto sobre la toma de decisiones que puede cambiar su vida… Poderoso".

—Extra TV

"No creo haber leído nunca un libro de autoayuda hasta el final, mucho menos uno que me haya atrapado tan completamente y me haya dado tantas ideas útiles sobre cómo mejorar mi vida… Una gran ráfaga de aire fresco".

—*Tina Brown, The Daily Beast*

"Una herramienta fabulosa para eliminar el cuestionamiento de nuestras decisiones al que constantemente nos sometemos… A mí me quitó todo sentimiento de culpa".

—*Sue Herera, presentadora de Power Lunch, CNBC*

"*10-10-10* cambiará vidas globalmente. Ya me cambió la mía. Uno de los libros más brillantes que hay en los estantes hoy, punto".

—*India DeClair, de la cadena US Talk*

"Un pequeño libro fenomenal. A cualquier mujer le aprovechará mucho leer *10-10-10*".

—*Liz Smith, columnista sindicada*

"*10-10-10* le hace sentir que usted tiene control de su vida, y eso es algo de lo que muchos carecen".

—*Joan Hamburg, WOR NewsTalk Radio*

"Un enfoque rápido y razonado de la toma de decisiones".

—*CNN*

"*10-10-10* me ha dado a mí (y a millones de otros lectores) un precioso regalo: una manera de profundizar intensamente dentro del alma y encontrar respuestas que pueden haber quedado escondidas allí para siempre".

—*Brenda Buttner, Fox News*

"La regla del 10-10-10 está plagada de autorreflexión... Revelador".

—*Boston Herald*

"Usted estará camino a vivir una vida feliz, auténtica y libre de sentimientos de culpa".

—*Revista MomSpace*

"La próxima vez que usted se sienta agitado e incapaz de tomar una decisión, respire profundamente, busque a un colega de confianza y aplique el 10-10-10. Cualquiera que sea el resultado, usted podrá confiar en la decisión que tomó".

—*Today's Financial Women*

"El 10-10-10 es una metodología capaz de transformar carreras, relaciones, amistades y el concepto de paternidad. El libro está lleno de relatos ocurrentes e interesantes con los que usted puede identificarse y le cambiará su manera de pensar. Me veo regalándoselo a mis amigos para ayudarlos a tomar mejores decisiones".

—*Marketing Today*

"[*10-10-10*] le cambiará su manera de aproximarse a la toma de decisiones. Y por ende le transformará la vida... Es aplicable a cualquiera en casi todas las situaciones".

—*FOX-TV Boston*

De los expertos...

"Este libro elocuente, ingenioso y profundo es un triunfo en varios niveles. No sólo provee lecciones perspicaces e instructivas para tomar decisiones personales, sino que las historias íntimas de la vida que ilustran el proceso de tomar decisiones de Suzy Welch absorben y cautivan el interés del lector de principio a fin".

—*Doris Kearns Goodwin, historiadora ganadora del Premio Pulitzer*

"Suzy Welch deslumbra con ideas brillantes. En *10-10-10* ella presenta una herramienta profunda, fácil de aplicar para hacer que las decisiones difíciles resulten simples, encontrando claridad en medio de las confusiones de la vida. Si usted se está preguntando qué debe hacer, qué senda tomar ante la disyuntiva, si quedarse donde está o marcharse, *10-10-10* le ayudará a encontrar su camino".

—*Dan Goleman, psicólogo y experto en liderazgo conocido internacionalmente, autor de* La inteligencia emocional

"¡Qué libro tan perfecto para ayudar a navegar ese tsunami llamado vida moderna!"

—*Edward M. Hallowell, psiquiatra y autor de* Crazy Busy: Overstretched, Overbooked, and About to Snap!

"*10-10-10* es uno de esos libros que todos deben leer, aunque tengan 12 u 82 años de edad. Las ideas de Suzy Welch mejorarán la manera en que usted se aproxima a la toma de decisiones en su vida. Puedo honestamente decir que este libro me replanteó cómo ver las cosas".

—*Heither Reisman, presidente y ejecutivo principal de Indigo Books*

"¡El libro al que hay que recurrir para hallar soluciones!"

—*Julia Carroll, autora, oradora y profesora*

10-10-10

10 minutos, 10 meses, 10 años

•

Un método para tomar decisiones que transformará su vida

Suzy Welch

ATRIA ESPAÑOL

Nueva York Londres Toronto Sídney

ATRIA ESPAÑOL
Una división de Simon & Schuster, Inc.
1230 Avenida de las Américas
Nueva York, NY 10020

Primera edición en rústica de Atria Español, abril 2010

ATRIA ESPAÑOL y su colofón son sellos editoriales de Simon & Schuster, Inc.

Para obtener información respecto a descuentos especiales en ventas al por mayor, diríjase a Simon & Schuster Special Sales al 1-866-506-1949 o a la siguiente dirección electrónica: business@simonandschuster.com.

La Oficina de Oradores (Speakers Bureau) de Simon & Schuster puede presentar autores en cualquiera de sus eventos en vivo. Para más información o para hacer una reservación para un evento, llame al Speakers Bureau de Simon & Schuster, 1-866-248-3049 o visite nuestra página web en www.simonspeakers.com.

Impreso en los Estados Unidos de América

10 9 8 7 6 5 4 3 2 1

Library of Congress Cataloging-in-Publication Data

Welch, Suzy.
[10-10-10. Spanish]
10-10-10 : 10 minutos, 10 meses, 10 años :
Un método para tomar decisiones que transformará su vida / Suzy Welch.
p. cm.
1. Decision making. 2. Problem solving. 3. Self-realization. 4. Success.
I. Title. II. Title: Diez-diez-diez.
BF448.W45518 2010
153.8'3—dc22 2009036435

ISBN 978-1-4391-0924-3
ISBN 978-1-4391-6592-8 (ebook)

Algunos nombres y características específicas han sido cambiados y ciertos personajes son basados en varios individuos de la vida real.

Dedico este libro con amor, respeto y gratitud

a los practicantes del 10-10-10

que compartieron sus historias de transformación

Tabla de contenidos

Tabla de contenidos

Prólogo

Mi esposa no se equivoca muy a menudo —o sea, prácticamente nunca— pero hace un par de años pensó que la estrategia para tomar decisiones que ella había inventado y nombrado "10-10-10" sólo funcionaba para ella, para sus hermanas, sus amigas y, acaso, algunas otras pocas personas.

Estaba totalmente equivocada.

La primera vez que yo vi el 10-10-10 en acción fue en 2001, cuando parecía que se estaba formando una tormenta entre nuestros hijos. La situación empeoraba rápidamente. Fue entonces que Suzy lanzó lo que pronto yo conocería como el sistema 10-10-10 —y ¡zas!— instantáneamente obligó a todos a concentrarse en el problema y se calmaron los acaloradas emociones y choques de personalidad que abundaban en la habitación. Rápidamente vi como el 10-10-10 movió a cada uno desde un lugar de conflicto hacia uno de mutua comprensión.

En ese momento pensé que esa herramienta debía tener un mayor alcance.

Y animé a Suzy a que escribiera este libro. *Tenía* que hacerlo, le dije.

¿Por qué?

Porque con demasiada frecuencia he visto cómo la

inercia estanca las vidas de la gente. He visto a personas permanecer indefinidamente en situaciones infelices, desafortunadas y descontentas, en el trabajo y en sus casas, porque les ha faltado algo —un enfoque, una disciplina, un empujón— para provocar un cambio que los impulse hacia delante. Y porque yo sé que generalmente somos incapaces de tomar decisiones difíciles, mucho menos decisiones acertadas y deliberadas, cuando nos sentimos totalmente paralizados.

Es ahí precisamente donde entra en juego el 10-10-10. El proceso, tal como lo he visto con mis propios ojos, puede ayudar prácticamente a cualquiera a *zafarse:*

De relaciones turbulentas.

De empleos sin futuro.

De años de peleas con un hijo, una hija, el padre o la madre.

De la confusión entre regresar al trabajo o quedarse en la casa con los hijos.

De amistades llenas de falsedad.

De malos jefes.

De vivir demasiado tiempo en el sitio equivocado.

La lista podría continuar muchas páginas más. Y la verdad es que cuando Suzy y yo viajamos por todo el país para hablar del libro cuando se lanzó en tapa dura el año pasado, me llenó de asombro lo que le escuché decir a multitudes de practicantes apasionados del 10-10-10 que conocimos. Independientemente de su ocupación u oficio —ama de casa, ejecutivo de negocios, maestro de escuela, pastor, estudiante universitario, enfermera, empresario, lo que fuera— esas personas decían que el 10-10-10 los había sacado de dilemas y problemas y los había llevado a tener vidas mejores y más felices de confianza y autodeterminación.

En Kansas City, una mujer del público que escuchaba uno de los discursos de Suzy se puso de pie con un bebé dormido en los brazos y, con lágrimas rodándole por las mejillas, describió cómo una decisión difícil la había atormentado durante meses sabiendo que, en sus propias palabras, "tanta gente se vería afectada por su decisión, incluyendo a este pequeño".

"Yo estaba paralizada, sin saber qué hacer", dijo la mujer. "Así que nunca tenga dudas sobre el regalo que usted le ha dado a la gente con el 10-10-10, porque es lo que finalmente me salvó a mí", dijo. "Me dio una respuesta. Y me dio además una manera clara y lógica para explicarle mi decisión a las personas que necesitaban saberla".

En Nueva York, una terapeuta de familia esperó en línea una hora mientras Suzy autografiaba libros para decirle que a ella le encanta utilizar el 10-10-10 en su consulta porque el proceso tiene una asombrosa manera de romper dolorosos patrones profundamente arraigados. "Hay familias que pueden estar atrapadas en conversaciones y dinámicas negativas que se repiten una y otra vez sin lograr avance alguno", explicó la terapeuta. "Necesitan un instrumento que los ayude a salir de la negatividad. Y eso es lo que hace el 10-10-10".

En una lectura y firma de libros en Los Ángeles, conocimos a una pareja de esposos que odiaban sus trabajos. Habían estado hablando durante años —literalmente, años— de abandonar la monotonía de sus empleos de 9 a 5 y comenzar su propio negocio. Pero cada vez que uno de los dos decía "Hagámoslo", al otro se le ocurría una razón para no hacerlo. Y viceversa.

Hasta que encontraron el 10-10-10. "Necesitábamos algo que nos ayudara a definir todos los puntos a favor y en contra", dijo el marido. "Ahora estamos informados, estamos entusiasmados y estamos listos para hacerlo".

Mire, yo no le voy a decir que el 10-10-10 es ciencia espacial. Es cierto que el proceso mismo al principio puede ser un reto —la parte de la "excavación de valores", como Suzy le llama—, pero después de eso, lo único que hace falta es disciplina, reflexión y sinceridad.

En otras palabras, usted puede hacerlo. Usted puede utilizar el 10-10-10 para darse un empujón y salirse de la posición neutral. Lo va a encaminar hacia donde usted quiere y necesita ir.

Lejos de la indecisión, la inercia, la rutina, el miedo o el caos y rumbo al éxito y la realización.

Claro, no es un secreto que Suzy y yo estamos felizmente casados. Pero aunque yo no conociera a Suzy, yo sé que a mí me encantaría el 10-10-10. Me encantaría porque es un programa que conduce a la acción positiva y funciona.

De modo que si usted está a punto de leer este libro, sepa que usted también está a punto de tomar control tanto del presente como del futuro.

Y lo felicito por eso. Usted está a punto de destrabarse.

—Jack Welch
Abril 2010

10-10-10

INTRODUCCIÓN

Antes del amanecer

Nací en Portland, Oregon. Me gusta decir la *exótica* Portland, pues el comentario siempre provoca risa. Supongo que la mayoría de la gente piensa que Portland es un lugar desabrido.

Portland es una ciudad bella.

Excepto por las serpientes. Recuerdo que cuando yo era muy joven, una se coló en nuestro jardín trasero y un día, mientras me arrodillaba para mirarla de cerca, mi madre salió corriendo desde la cocina y la mató con una pala.

Mi madre era muy bella; era una mujer ecuánime y además elegante. No quiero que el lector se forme una impresión equivocada de ella, como la de una mujer salvaje del oeste. Es solo que las mujeres desesperadas hacen cosas desesperadas. Eso se lo puedo asegurar.

Mi padre era arquitecto. Quince años después del incidente de la serpiente, me enseñó a estacionar en paralelo como lo hacen quienes son ingenieros de espíritu y entienden racionalmente la física, y tratan de enseñarle a quienes tienen alma de escritor y entienden racionalmente la poesía. Hoy en día nos reímos de eso.

Pasé todos los veranos de mi juventud en Cape Cod, a bordo de un pequeño bote, llenando la nevera portátil de peces azules y róbalos. Dejo constancia, y tengo a Dios como testigo, que sentía simpatía por los peces.

Fui a la universidad, me hice periodista en Miami, vi la ciudad incendiarse dos veces, me mudé al norte, conseguí un empleo en la Associated Press, me casé, asistí a una escuela de negocios, me convertí en consultora empresarial e hice un gran esfuerzo por dar la impresión de tener un conocimiento sólido sobre la producción industrial.

Posteriormente fui editora del *Harvard Business Review* hasta que me despidieron.

A la edad de 41 años, me divorcié. Era lo correcto.

Tres años después, me casé de nuevo. Es lo mejor que jamás haya hecho.

Tengo cuatro niños. En realidad, ya no son niños. Pero son mis niños.

Ninguno se parece a mí. Dos son de tez muy blanca; parecen campesinos suecos. Pero incluso los dos de tez oscura parecen un par de extraños al lado mío. No me importa, de verdad. Su apariencia es una buena manera de recordar que deben tener su propia vida.

Sin embargo, si tuviera una varita mágica, la usaría para transmitirles a mis hijos, con un suave toque en la frente, todo lo que sé. Como la mayoría de los padres, desearía que pudieran ahorrarse todas las dificultades.

Pero no lo harán. Y supongo que eso tampoco importa. Tal como anotara alguna vez el novelista ruso Fiódor Dostoievski: “El sufrimiento es el único origen de la conciencia". Aprender a vivir a partir de la experiencia es parte de la condición humana.

Aun así, hay una sola cosa que desearía poder enseñar a mis hijos sin necesidad de derramar toda la sangre, todo el sudor y todas las lágrimas que usualmente ese aprendizaje conlleva.

Cómo tomar buenas decisiones.

Dicho de manera simple, de eso se trata este libro: un nuevo enfoque para escoger opciones que le permitirá al lector tomar las riendas de su propia vida, sin importar dónde haya nacido, cómo haya transcurrido su existencia, ni qué errores haya cometido en el camino.

Se trata de una disciplina confiable que nos puede ayudar a reemplazar el caos por la estabilidad, la confusión por la claridad y, tal vez lo mejor de todo, el sentimiento de culpa por el de no culpa o, para emplear otra palabra que describe esa condición, por felicidad.

Se trata de una idea que cambió mi vida y ha transformado las de muchos hombres y mujeres alrededor del mundo.

Ahora bien, ¡por favor!, no estoy diciendo que lo tengo todo resuelto. Hay aún muchas ocasiones en que, a pesar de mis ideas brillantes y planes bien diseñados, me sigo interponiendo en mi propio camino. Sé, también, que a veces la vida depende del azar o de sucesos que están fuera de nuestro control. Los accidentes y los milagros existen. Por supuesto que sí.

Pero, cada vez más, nuestras vidas están moldeadas por decisiones que estamos en capacidad de controlar, aunque no sintamos que así sea. En el mundo acelerado de hoy, con su permanente flujo de información, sus opciones desconcertantes, una economía global incierta y una cultura siempre cambiante, muchas de las decisiones que afrontamos pueden parecer terriblemente complicadas, o demasiadas, en un tiempo muy corto. Así que decidimos al no decidir o al dejarnos guiar por el instinto. Pedimos consejo a nuestros amigos, consultándolos como si fueran expertos, o buscamos señales de la misma forma que el hombre prehistórico buscaba consejo en los huesos de los oráculos. Y esperamos que todo salga bien.

Hoy, mi vida está renovada; mis decisiones son deliberadas, premeditadas y seguras. Pero hace trece años, ahí estaba yo, viviendo en la incertidumbre. A pesar de mis títulos y de mis logros, de mi maravillosa familia, de mis queridos amigos, del afecto y el respeto que tuve la bendición de recibir, tomaba muchas de mis decisiones como observándolas desde un vehículo en movimiento. A veces, las cosas funcionaban. Con mayor frecuencia, no. Y mi vida era un reflejo de ello. Era buena un día, una semana o un mes, y después una locura. Se volvía tediosa, después frustrante, luego mala y después volvía a ser buena. Me sentía feliz y satisfecha, y después solitaria. Era como avanzar y luego retroceder.

No estaba viviendo mi vida. La vida me sucedía.

Entonces llegó febrero de 1996. Estaba en Hawái, pero no de vacaciones. Tenía un empleo de tiempo completo con la *Harvard Business Review*, cuatro hijos menores de seis años y un matrimonio turbulento; no descansaba mucho durante esos días. Estaba en Hawái para dar una conferencia en una convención de ejecutivos de seguros;

habían ofrecido pagarme el equivalente en dólares a una cuota hipotecaria a cambio de que los ilustrara sobre la historia de la administración.

Mi jefa estaba emocionada con el viaje. Según ella, yo iba a "dejar nuestra huella" en el evento. Pero yo sabía que no podía dejar solo a mi esposo a cargo de cuatro niños. Así que decidí que sería mejor para todos llevar a mis pequeños de cinco y seis años. "No hay de qué preocuparse", le aseguré a la organizadora del viaje. Los clientes podrían ser "extremadamente exigentes" —esas fueron sus palabras exactas—, pero mis hijos eran extremadamente maduros. ¡Eran prácticamente pequeños adultos! "Los clientes ni siquiera notarán su presencia", le prometí.

En casa, alcé a Roscoe y a Sophia en mis brazos. "Nos vamos de viaje a una aventura maravillosa", les dije. "Mami tiene que trabajar un poco con unos clientes. ¡Pero ustedes ni siquiera se darán cuenta de que ellos existen!"

Con un ingenioso plan, finalmente había descifrado la clave del equilibrio entre el trabajo y la vida personal, todo eso mientras consignaba dinero en el banco. Eso era lo que había "decidido". Me merecía una felicitación.

Y una felicitación también se mereció la azafata de nuestro vuelo por no asesinarme cuando Sophia pasó las doce horas del vuelo demostrando el uso de las bolsas para el mareo. Pobrecita mi hija. Al aterrizar estaba verde. Sin embargo, no había de qué preocuparse, pensé; unas horas en la playa le sentarán de maravilla. Nos sentarán de maravilla a todos. ¡Tendremos tiempo para compartir en familia: armar castillos en la arena, flotar sobre las olas, alegres recuerdos!

E insolación. No, no olvidé el protector solar. Lo tuve presente al aplicar enormes cantidades sobre la blanca piel de Roscoe y cubrirlo luego —como si no fuera suficiente— con una camiseta, un sombrero y una toalla. Como madre prudente que era, había convertido a mi pequeño hijo en un verdadero horno.

Como es obvio, tras las compresas de hielo y la loción calmante que tuve que aplicarle para detener el llanto, esa noche terminé llegando tarde a la recepción organizada por el cliente. Para compensar, sin embargo, de inmediato adopté una actitud sociable y me presenté con todos.

Mi estrategia parecía funcionar bastante bien —eran ejecutivos de seguros reunidos al finalizar un día de golf— pero sí noté un grupo de personas que no parecían muy dispuestas a socializar conmigo. No eran los asistentes, sino sus esposas. Tal vez se preguntaban dónde estaba mi marido. A lo mejor pensaban, y con razón, que me veía tan agitada como una mujer que tenía dos niños quejándose arriba en la habitación y una conferencia por dar a la mañana siguiente.

Horas más tarde, la fiesta terminó y corrí a ver a mis niños. Me quedé despierta con ellos casi toda la noche, mientras los tres luchábamos contra el cansancio del vuelo y el cambio de horario, y luego peleábamos entre los tres: ellos querían ver *La Sirenita* y yo, las noticias. Ellos querían otro cuento de Nonnie y la culebra, yo, cerrar los ojos.

A las cinco de la mañana, para lograr la paz, pedí helado a la habitación. Finalmente, con las caras pegajosas cachete con cachete, nos quedamos dormidos.

Pero no por mucho tiempo. A las nueve de la mañana, envié a los niños a una actividad de baile *hula-hula* en la playa organizada por el hotel y juiciosamente me puse mi traje ejecutivo. Una vez en el auditorio, subí los escalones de la tarima y con el apuntador en la mano, pasé la siguiente hora paseando a la audiencia trasnochada por los cuatro principios de Frederick Taylor sobre la administración científica, los planteamientos de Max Weber sobre jerarquías de mando y control y la revolucionaria teoría de Peter Drucker sobre *outsourcing*, tercerizar. Pude no haber estado totalmente brillante, pero estaba logrando mi objetivo: con una diapositiva de PowerPoint a la vez.

Eso, claro, hasta el último momento de mi conferencia cuando al mirar hacia el fondo del auditorio, noté que dos personitas estaban tratando de entrar al salón. Estaban recostadas contra las puertas corredizas con las manos alrededor de sus ojos intentando ver lo que ocurría en su interior. Eran Roscoe y Sophia, vestidos en faldas de *hula*. Se habían escapado de la prisión y venían a buscarme.

Arriba en la tarima, intenté terminar lo más rápido posible —nada de sesión de preguntas— y me dirigí a toda velocidad al fondo del salón. Nunca olvidaré cómo los niños se agarraron desesperadamente de mis piernas cuando los alcancé, ni cómo algunos ejecutivos de seguros que se percataron de la escena, me miraron con las cejas arqueadas.

Sí, sí, ahora me doy cuenta de que en ese momento debí hacer mis maletas y regresar a casa. Pero mi mente invadida por una actitud complaciente y todopoderosa me decía que aún quedaban veinticuatro horas. Rápidamente decidí que pasaría el resto del día nadando con los niños; debía cansarlos, acostarlos y luego asistir a una fiesta con los clientes para cautivarlos, de ser necesario, hasta el amanecer.

No contaba con que el agua salada hiciera gritar a Roscoe, ni con que la fiesta se extendiera casi hasta el amanecer, momento en el cual no me sentía para nada encantadora. Estaba tan confundida y agotada que sentía ganas de llorar. Hubo un momento en que puse la cabeza sobre una mesa y cerré los ojos. Cuando los abrí de nuevo, vi a la esposa de un cliente mirándome con una sonrisa burlona. "Ustedes, las madres profesionales...", dijo con un tono amargado. "No sé cómo lo hacen".

"Es cuestión de magia", respondí atontada.

"Su esposo debe ser muy paciente", respondió maliciosamente.

"Ciertamente, lo es", le dije.

Con esa mentira del tamaño de una piñata, la esposa del cliente se alejó. Finalmente, yo también me dirigí a mi habitación, descompuesta. Despaché a la niñera y me dejé caer en una silla de la terraza. Un glorioso, inmenso, sol dorado —como el de una postal— se elevaba en el cremoso cielo azul de la mañana.

No lo supe en ese momento, pero en realidad un nuevo día estaba amaneciendo.

"Tengo que terminar con esta locura", me escuché

diciendo. Pude haberme quedado dormida por un momento o simplemente pude haberme desconectado. Mi conciencia se iba y volvía como la señal de un teléfono celular en un paso de montaña. "Tengo que encontrar otra forma", murmuré.

No sé qué sucedió después, ni por qué, y probablemente nunca lo sabré.

Tal vez simplemente había llegado al punto en que tenía que ocurrir un cambio; no había alternativa. O tal vez ese viaje fue el último factor en la ecuación de experiencias que dio como resultado una forma incipiente de buen juicio, de visión o de comprensión. Tal vez simplemente recibí un don. Lo que sé con seguridad es que mientras el sol ascendía sobre el mar, una idea me llegó a la mente.

Desde ese momento, esa idea fue mi cuerda de salvamento y mi salvavidas.

Fue el inicio de un viaje de descubrimiento y reinvención en el que me embarqué, un viaje que estamos a punto de iniciar juntos.

Fue el 10-10-10.

CAPÍTULO UNO

¿Qué era?

Cómo nació el 10-10-10

A decir verdad, yo no sabía exactamente qué era el 10-10-10 en el momento de su creación; simplemente sentía (aunque de manera tenue) que, de repente, tenía a mi alcance un principio operativo nuevo, diferente y muy superior. Parecía haber encontrado una especie de proceso mental mejorado, una metodología para ser sistemática respecto a las cosas. Esa mañana en mi balcón hawaiano, me di cuenta de que lo que *realmente* debía hacer para retomar mi vida era empezar a tomar mis decisiones de una manera diferente —proactivamente—, evaluando con atención sus consecuencias en el presente inmediato, el mediano plazo y el futuro lejano.

En diez minutos... diez meses... y diez años.

Si hacía eso, imaginé con cierto grado de asombro, podría llegar a tener mi propia "herramienta para administrar la vida".

Y trece años después, ese término sigue siendo la forma en que defino el 10-10-10 de manera rápida y sencilla. Ciertamente he escuchado otras descripciones del

10-10-10. Conozco a un devoto practicante del 10-10-10 que lo llama "hoja de ruta para la claridad y el coraje", y a otro que lo describe como "mi pequeño borrador de culpas". Una abuela de Houston me dijo una vez que ella se refiere al 10-10-10 como su "empujoncito para descongelarse". Un pastor canadiense que ha predicado sobre el 10-10-10 lo describe como el "gran puente que nos permite poner las cosas en perspectiva".

Pero ninguno de estos calificativos del 10-10-10 —ni siquiera el mío— describe realmente la verdadera logística del proceso. Así que, antes de seguir, vamos a analizarla.

CÓMO FUNCIONA EL 10-10-10

Todo proceso 10-10-10 se inicia con una pregunta. Es decir, todo 10-10-10 comienza con el planteamiento de un dilema, una crisis o un problema en forma de pregunta. ¿Debo renunciar a mi trabajo? ¿Debo comprar la casa con el gran jardín interior y el techo con goteras? ¿Debo retrasar a mi hijo un año en el colegio? ¿Debo seguir con mi relación o terminarla?

He llegado a descubrir que tener una pregunta definida es esencial para el 10-10-10, ya que muchos problemas complejos están relacionados con temas colaterales, con asuntos menores, con distracciones y divagaciones, con falsas suposiciones y actores secundarios. Por lo tanto, los procesos 10-10-10 más efectivos tienden a iniciarse siempre con la identificación exacta de qué asunto, subyacente a todo, es el que se está tratando de resolver.

La siguiente etapa del 10-10-10 es la recolección de datos. No hay de qué preocuparse; esta parte del proceso se puede hacer en la cabeza, en un computador, con papel y lápiz, o en una charla con un amigo o socio, lo que mejor funcione. El único "requisito" real es ser honesto y exhaustivo al responder las siguientes preguntas:

Dada mi pregunta inicial, ¿cuáles son las consecuencias de cada una de mis opciones en diez minutos?

¿En diez meses?

¿En diez años?

Ahora bien, para ser claros, no hay nada *literal* en cada diez del 10-10-10. El primer 10 representa básicamente el "ahora" —por ejemplo, un minuto, una hora o una semana. El segundo 10 representa ese momento en el futuro previsible o inmediato en que el efecto inicial de su decisión ha pasado, pero sus consecuencias se siguen sintiendo en formas que usted puede predecir razonablemente. Y el tercer 10 representa un momento en el futuro que es tan lejano que sus detalles son completamente vagos. Así, 10-10-10 en realidad podría referirse a 9 días, 15 meses y 20 años, o 2 horas, 6 meses y 8 años. El nombre del proceso es solamente una figura que busca sugerir intervalos progresivos de tiempo durante la exaltación del momento, un poco después y cuando todo está consumado.

El último paso del proceso 10-10-10 es el análisis. Para esta etapa, debe tomar toda la información que acaba de recopilar y contrastarla con sus valores más profundos: sus creencias, metas, sueños y necesidades. En resumen, esta parte del 10-10-10 lo lleva a preguntarse: "Sabiendo lo que sé ahora sobre todas mis opciones y sus consecuencias, ¿Cuál decisión es la que más me ayudará a decidir mi propia vida?".

Y con la respuesta a esa pregunta, usted tiene su solución 10-10-10.

EL COMIENZO

Como ya dije, esa mañana en Hawái no me llegó como si fuera un relámpago la versión totalmente conceptualizada del 10-10-10, con todo y logística. Pensaba más bien en algo como "Tengo que dejar de correr como una loca, apagando incendios e intentando complacer a todo el mundo. Cuando los niños tengan veinte años, me van a adorar u odiar por haber tomado decisiones mucho más importantes que ésta de haberlos llevado a un viaje de negocios de cuatro días en febrero de 1996. ¡Por Dios! Estoy viviendo demasiadas cosas en este momento".

Y con eso creé el concepto de "10-10". Iba a comenzar a tomar mis decisiones en base a un balance entre consideraciones de corto y largo plazo. Qué insensatez, me dije, había sido desplazar a los niños ocho mil kilómetros por unos insignificantes baños de mar juntos. Si los hubiera dejado en casa, su berrinche hubiera durado a lo sumo un día, en caso de que se hubiera presentado.

Casi de inmediato, fui consciente de que mi incipiente idea estaba incompleta. Durante los próximos meses me iba a ausentar de casa dos veces más, por una boda a la que había sido invitada y por otra conferencia. Tal vez mi viaje a Hawái, visto en conjunto, me hizo sentir que me alejaría demasiado tiempo de los niños. Tal vez en aras de hacer un balance y tener una perspectiva más real, mi nuevo proceso de toma de decisiones también necesitaba contemplar un horizonte a mediano plazo.

Así, nació oficialmente el 10-10-10.

Sin nada qué perder, empecé a aplicar el proceso a todo tipo de dilemas tan pronto regresamos a Boston, tanto en casa como en el trabajo. ¿Debo quedarme en la oficina por si ocurre una emergencia cuando les prometí a los niños que regresaría a las seis? ¿Debo pasar las fiestas con mis padres o con mis suegros? ¿Debo confrontar a un escritor problemático con respecto a la entrega tardía de un texto? ¿Debo dedicarle mi tiempo al artículo entregado por un novato con talento o al que entregó un veterano confiable? Para mi sorpresa, descubrí que el proceso me llevaba *invariablemente* a decisiones más rápidas, claras y lógicas. Y como bono inesperado, también me ofrecía una manera de explicarme frente a todos los "constituyentes" relevantes —mis hijos, mis padres o mi jefe— con claridad y confianza. Finalmente podía decir "permítanme contarles cómo llegué a esta decisión" y seguir a partir de ahí.

Al cabo de meses, el 10-10-10 me había servido tanto que no pude resistir la tentación de compartirlo con mis hermanas, Elin y Della, y con un grupo de amigos y colegas cercanos.

Y así fue cómo el proceso se empezó a difundir. Uno de mis colegas le contó a su esposa; ella lo utilizó para salir de un estado de parálisis en su búsqueda de un empleo.

Un amigo le "dio" el 10-10-10 a su hija recién casada, quien estaba indecisa entre seguir trabajando o hacer un posgrado. Otra conocida mía le describió el 10-10-10 a su esposo, un médico; él lo llevó al trabajo y allí un grupo de enfermeras lo adoptó para enfrentar —y resolver— una pugna sobre las horas de visita a los pacientes, que había estado sin resolver durante meses.

Finalmente empezaron a llegarme, gota a gota, historias del 10-10-10 ajenas a mi círculo inmediato. Un día, por ejemplo, al contestar el teléfono escuché: "¿Es usted la señora del 10-10-10?".

Cuando caí en cuenta de que sí lo era y lo expresé, mi interlocutora dejó escapar una risa amistosa y se identificó como Gwen, hermana de una de las enfermeras. "Lamento sorprenderla", dijo, "pero estoy llamando porque me gustaría que pudiera verme. Estoy sonriendo por primera vez en meses".

Resultó que Gwen era un ama de casa que vivía en Chicago. Al igual que su hermana, había comenzado su carrera como enfermera pero a los pocos años cambió de rumbo y se dedicó a ser representante de ventas de una empresa del sector farmacéutico. El trabajo encajaba perfectamente con su personalidad extrovertida y su profesionalismo. "Nadie me podía alejar de mis visitas de ventas", me dijo. "Para mí no eran trabajo. Eran diversión. ¡Ah, y el dinero! No podría haber sido mejor".

Gwen disfrutaba tanto su profesión que escasamente se alejó de ella durante los embarazos y partos de sus tres hijos. Claro, hubo momentos desafiantes en que el trabajo y la maternidad entraban en conflicto, pero Gwen siempre se sintió respaldada por su esposo —también representante de ventas— en su decisión de seguir trabajando. La pareja contrató una niñera interna y se comunicaba constantemente con ella por celular. Pasaban los fines de semana reactivando los vínculos con sus niños.

Sin embargo, una noche en la que Gwen regresó después de otra larga ausencia, la niñera le colocó en los brazos a su hijo de quince meses; el bebé no la reconoció y la apartó con un llanto rabioso. Gwen se conmovió hasta el alma, al igual que su esposo que observaba la escena.

Abrumada por una creciente sensación de culpa, Gwen renunció a su trabajo. "Regresaré en unos meses", le prometió a su jefe, "tan pronto las cosas vuelvan a la normalidad en casa".

Pero pasaron semanas, luego meses, poco a poco Gwen se vio más enfrascada en el "regreso a la normalidad" que estaba intentando construir; sus días se iban en llevar a sus hijos a clase o a casa de sus amigos, cumplir citas diversas, y sus noches pasaban entre organizar la cena, supervisar las tareas y el baño, y leer a los niños a la hora de dormir. Su oficina ubicada en el garaje de la casa, repleta de revistas de negocios que Gwen había jurado seguir leyendo, se empezó a llenar de afiladores de cuchillas de patines y disfraces de obras teatrales de colegio.

Después de un año en casa, el corazón de Gwen también se empezó a llenar; no de tristeza, sino de una vaga y persistente añoranza por la gran carrera que pudo haber hecho. Ocasionalmente, releía un correo electrónico de su antiguo jefe que no podía decidirse a borrar de su buzón: "Te recibiremos cuando quieras", decía. "Tu antiguo equipo te necesita y te extraña".

Gwen también lo extrañaba, ¿pero cuánto? Pasaron semanas en las que su mente oscilaba en el debate: ¿Había elegido realmente ser ama de casa? ¿Había caído en ello por la indecisión?

En medio de este dilema, la hermana de Gwen le habló del 10-10-10 y le sugirió usarlo la próxima vez que se sintiera dudosa.

Eso sucedió a los pocos días. "Estaba limpiando la nevera; tenía la cara y las manos llenas de detergente, había agua por todos lados y Sammy lloraba desesperadamente. Perdí el control", me dijo Gwen. "Tenía que decidir de una vez por todas si debía seguir siendo mamá de tiempo completo".

Gwen calmó a Sammy y lo acostó para que tomara una siesta; terminó de limpiar la nevera y se sirvió una taza de café. Después, con una hora de margen antes de que llegara su hija del colegio, se sentó en la cocina e inició su 10-10-10.

Su primera sensación al desarrollar el proceso fue de temor. "A corto plazo, si me quedaba en casa, tendría que lidiar con un montón de pañales sucios, y mi cerebro realmente andaría a baja velocidad", me dijo. "Me esperaba un poco de aburrimiento y mucha especulación sobre lo que podría haber sido". En cuanto al escenario de diez años, el de largo plazo, "sabía que a esas alturas los niños estarían básicamente de salida", dijo Gwen. "Se habrían ido, al igual que mi carrera".

Pero al contemplar el escenario de diez meses, empezó a surgir una revelación diferente. "De repente, mientras pensaba en eso, me di cuenta de lo mucho que significaba para mí el lapso de tiempo entre el primer y el último 10", dijo. "Cuando Sammy haga su primer gol, Emma su primer recital de flauta y Alex aprenda a afeitarse, yo estaré presente. Me di cuenta de que estaba abandonando un sueño, pero a cambio estaba construyendo una realidad a la cual no le podía dar la espalda".

Otra madre podría haber llegado a una conclusión diferente ese día en la cocina, pero para Gwen el 10-10-10 concretó sus prioridades. Su decisión no le implicaba brincar de alegría cada vez que el bebé llorara; ni gozar durante horas esperando a que terminara el entrenamiento de hockey. Significaba simplemente que, en base a sus valores, Gwen había elegido una opción con la cual podía —y quería— vivir.

LO DIFÍCIL

Con razón Gwen estaba sonriente cuando me localizó por primera vez. Su ambivalencia había desaparecido y en su lugar, tenía la serenidad que da tener una intención clara. Pero en aras de una divulgación completa, el lector debe saber que no todo proceso 10-10-10 termina tan ordenadamente. A veces la solución a la cual se llega es una total sorpresa ya que el proceso puede revelar valores, agendas, temores y sueños no encarados anteriormente, o puede conducir por senderos evitados durante mucho tiempo con el fin de mantener el mundo bajo control. Algunas soluciones 10-10-10 pueden ser incluso profundamente desafiantes ya que "exigen" confesar ante los demás lo que realmente se piensa y la manera en que se quiere vivir. Lo cierto es que la transformación no siempre es fácil.

Hace como un año di una conferencia sobre el 10-10-10 en una universidad. Al finalizar, un estudiante se quedó para hablar a solas conmigo. Resultó ser un empresario de Rumania llamado Razvan que quería iniciar una empresa de telefonía móvil en su país. El problema, me dijo rápidamente, era que su novia de mucho tiempo, una mesera que lo esperaba en Bucarest, quería entrar en el negocio con él. "¿Qué sucederá cuando Mihaela cometa un error con un contrato o algo así? Ella no es muy hábil en cuestiones de dinero; toda su familia es comunista", me contó con franqueza. "Entonces, tendré que decirle: 'Mihaela, aquí estamos tratando de hacer utilidades', y ella empezará a gritar: '¡Utilidades! Olvídate de las utilidades. ¿Qué pasa con los ideales?'. Y entonces tendremos una pelea, como siempre. ¿Sabes a qué me refiero?".

Capté la idea, al menos lo suficiente para empezar. Le hice un gesto a Razvan para que se acercara y así pudiéramos hacer juntos un 10-10-10 sobre la decisión de trabajar con Mihaela en su nueva iniciativa de negocios.

Al cabo de diez minutos, Razvan comentó entusiasmado que un "sí" era una respuesta enormemente atractiva. Mihaela se calmaría y, al menos por un tiempo, le dedicaría toda su energía al proyecto. Un "no" provocaría, según Razvan, "la tercera guerra mundial" pues con seguridad la familia de Mihaela y la suya —eran amigos cercanos— se involucrarían y lo presionarían para que cambiara de parecer.

El panorama a los diez meses era más restringido: sería nefasto, sin importar qué opción eligiera. Si trabajaban juntos, dijo Razvan, él y Mihaela volverían a sus disputas. Pero si se separaban, también habría sufrimiento: "Hemos estado juntos por muchos años y nos queremos", fue su nostálgica reflexión.

Pasamos al escenario de los diez años, y de inmediato Razvan hizo una mueca como si estuviera viendo una fotografía perturbadora. Si le pedía a Mihaela que se uniera a su iniciativa, a esas alturas seguramente estarían casados; ese desenlace garantizaba, según él, "una vida de peleas diarias".

"¿Porque sus esperanzas y sueños son fundamentalmente diferentes?", pregunté.

"Porque todo lo que realmente tenemos es historia", respondió. "Y sé que eso no es suficiente. Nos pasaremos la vida haciéndonos daño".

Con eso, la decisión 10-10-10 de Razvan estaba tomada.

¿Se sentía él feliz? Claro que no. De hecho, al despedirnos, pude ver un par de lágrimas brotando de sus ojos. Pero también noté que, en cierta medida, estaba aliviado y resuelto con respecto a tomar el control de su vida y de su futuro. Aparentemente sabía que la felicidad lo esperaba. A veces eso es todo lo que el 10-10-10 puede ofrecer.

DE UN HILO A UN TORRENTE

Para el año 2006, había escuchado suficientes historias de personas como Gwen y Razvan como para tener la sensación de que, con el 10-10-10, había descubierto algo. Así que decidí escribir sobre el proceso para la revista *O, The Oprah Magazine*, en la cual tengo una columna habitual sobre el equilibrio entre el trabajo y la vida.

Mi sensación de "haber descubierto algo", sin embargo, no era suficiente para dar respuestas. Pronto empezaron a llegar montones de mensajes electrónicos y cartas escritas con sinceridad. Descubrí que el 10-10-10 no era útil solamente para uno, dos o tres grados de separación (concepto de Human Web). Funcionaba para hombres y mujeres, jóvenes y viejos, en la cercanía y en la distancia, para decisiones grandes, pequeñas e intermedias, en casa y en la oficina, en el amor, la amistad y la educación de los hijos.

Incluso funcionó para un empleado oficial de veintisiete años llamado Antoine Jefferson, quien me escribió para contarme que estaba utilizando el 10-10-10 como guía para su proyecto personal de reinventar el sistema de seguridad social, un gesto amable de su parte.

¿De qué diablos está hablando este tipo?, me pregunté.

Así que llamé a Antoine y luego tuve el inmenso placer de conocerlo en su ciudad natal, Filadelfia. Al escuchar su historia me convencí de que el 10-10-10 puede ser efectivo en formas y lugares que nunca había imaginado.

Criado por una madre soltera en un vecindario lleno de proyectos de construcción, Antoine dejó de ir a la escuela en séptimo grado y finalmente fue puesto bajo el cuidado de cinco familias adoptivas diferentes. Sus días eran solitarios; los llenaba viendo televisión. Extrañaba la compañía de sus hermanos. Tal vez la experiencia más trascendental en la vida de Antoine fue darse cuenta, a los trece o catorce años, de que no se parecía a ninguna de las personas que conocía; no solo porque era homosexual sino porque era irremediablemente optimista. Aun con toda su dureza, para Antoine el mundo podía ser un mejor lugar si los seres humanos dejaran de hacerse daño unos a otros.

Unos meses antes de la publicación de mi artículo, Antoine fue contratado para trabajar en una de las oficinas de asistencia social más congestionadas del Estado; su labor era atender a los usuarios y orientarlos en el proceso de solicitud. Inicialmente, la idea de ayudar a las personas necesitadas lo emocionó. Pero su entusiasmo pronto se convirtió en desesperanza. Todos los días observaba cómo sus colegas trataban en forma grosera y despectiva a la gente que llegaba a la oficina. "Solicitar asistencia social generalmente sucede en el peor momento de la vida. Conlleva mucha vergüenza", me decía. "Se supone que el sistema es para apoyar a la gente, no para humillarla más".

Una noche, después del trabajo, Antoine escribió un apasionado manifiesto sobre la forma en que él creía que debería cambiar el protocolo de atención en la oficina. Sabía que sus palabras eran fuertes; cuando se las mostró a su hermana Tiffany, ella amablemente intentó disuadirlo. "Todos te van odiar, Antoine", le dijo.

Durante unas cuantas horas, Antoine revisó las consecuencias de presentar su propuesta en la oficina utilizando el esquema 10-10-10. Al cabo de diez minutos, pensó que todo se convertiría en un infierno si compartía sus opiniones con sus colegas y ellos las rechazaban. El mensaje de ellos, según él lo entendió, sería: "Deja de provocar a la gente".

Antoine pronosticó que al cabo de diez meses, el enfrentamiento con sus colegas seguramente persistiría, o incluso empeoraría, al negarse a renunciar a su papel de policía en la oficina. Por otro lado, si se quedaba callado, temía que la sensación de hipocresía lo destruyera por dentro. Ninguna opción era atractiva.

Pero el plan de acción de Antoine se aclaró tan pronto contempló el escenario en diez años. "Me di cuenta de que estaba totalmente dispuesto a soportar —incluso *quería* soportar— la presión a cambio de tener la oportunidad de mejorar el sistema de asistencia social de este Estado", me dijo. "Lo único que pensaba era 'Si no lo hago yo, ¿entonces quién?'. Alguien tiene que liderar el cambio, aun en los peldaños más bajos de la escalera".

Al día siguiente, Antoine se reunió con su jefe para contarle su preocupación por el desprecio y el maltrato a los usuarios. Ella recibió su propuesta de manera muy positiva, recuerda él. Pero después de presentarla en una reunión con todo el personal, los colegas de Antoine, como era de esperarse, empezaron a marginarlo.

En vez de manejar el conflicto, la jefe de Antoine le preguntó si estaría dispuesto a ser transferido a otra oficina de asistencia social al otro lado de la ciudad. Él estuvo de acuerdo. "No me arrepentí ni me enfadé en absoluto", me dijo recientemente. "Siento que hice lo correcto".

Hoy en día, Antoine continúa aplicando el método 10-10-10 en todos y cada uno de los dilemas que enfrenta tanto en casa como en el trabajo. De hecho, recientemente compartió el proceso con su madre, quien de inmediato lo utilizó para tomar una decisión que podría llegar a ser transformadora. A la edad de cincuenta y cuatro años, la señora ingresó a un programa de capacitación con la esperanza de iniciar un pequeño negocio algún día. "Creo que éste es el inicio de una vida completamente nueva para mi madre", dice Antoine. "Por primera vez la veo tratando de crear su propio futuro".

CON RESPECTO AL TERCER 10

¡Qué emocionante suena esa nueva travesía! El 10-10-10 tiene la capacidad de motivar a la gente a proyectarse y salir de su fijación en el presente. Sin embargo, sería un error creer que el *único* propósito del 10-10-10 es activar alarmas a largo plazo durante el proceso de toma de decisiones.

Sí, despertar su conciencia con respecto a los próximos diez años es uno de los propósitos del 10-10-10, y es un muy buen propósito. Con frecuencia tomamos decisiones solo para evitar una molestia inmediata —el enfado de un niño, la decepción de la familia, una logística complicada, una discusión con los compañeros de trabajo, etcétera. El tercer 10 de 10-10-10 ayuda a suavizar esa tendencia. Nos ayuda a decidir si vale la pena (o no) soportar los fogonazos a corto plazo con el interés de alcanzar nuestros objetivos de vida más importantes y profundos.

No obstante, nadie debe tomar *todas* las decisiones en base a sus consecuencias a largo plazo. En primer lugar, tal prudencia garantiza en buena medida que la vida diaria sea un tedio total. ¡No se puede desterrar la espontaneidad! Pero la principal razón para no poner la mira exclusivamente en el tercer 10 es que puede ser demasiado riesgoso.

Pete Turkel me enseñó eso.

Pete era editor de la Associated Press en el turno de la tarde, a mediados de la década de los ochenta, cuando yo tenía veintiséis años y era reportera en la oficina de Boston. Cuando lo conocí, yo cubría el turno nocturno; me presentaba a trabajar a la medianoche y quedaba libre a las ocho de la mañana. A esa hora me daban antojos de comer hamburguesas y tomar cerveza. Mi reloj biológico estaba bastante desfasado pero al menos podía ver a mis amigos y mi familia en el desayuno y en la cena. Pete, quien entraba a las cuatro de la tarde y salía a la medianoche, extrañaba *todo*. Dormía cuando sus hijos salían para el colegio y su esposa para el trabajo, y estaba en el trabajo cuando todos volvían a casa, cenaban y se acostaban.

Un día, quejándome y lamentándome de mi propio horario, acudí a Pete —veinte años mayor que yo— y exclamé: "No sé cómo *tú* lo soportas. Es como estar viviendo en otro planeta o algo así".

Aún hoy admiro a Pete por no haberme abofeteado por mi atrevimiento. En lugar de hacerlo, sonrió con su estilo familiar y bonachón. "Lo entenderás cuando seas mayor, Suzy, y tengas verdaderas cuentas por pagar y una familia que sostener", me dijo. "Me pagan una bonificación por hacer este turno. Si conservo este trabajo, podré jubilarme anticipadamente, enviar a mis hijos a la universidad sin necesidad de endeudarme y podré comprar la casa de mis sueños. Cada minuto de lo que estoy haciendo ahora habrá valido la pena cuando salga por la puerta mi último día".

Hacía un año que me había marchado de ese trabajo cuando Pete murió en un accidente automovilístico (su esposa quedó gravemente herida y murió posteriormente), pero nunca dejé de pensar que Pete estaba posponiendo su vida —por toda una serie de razones "correctas"— en el momento de su muerte.

Todavía pienso en él. Su vida me recuerda que aunque es importante considerar las consecuencias a largo plazo de toda decisión, éstas no pueden ser *consistentemente* más importantes que las consecuencias a corto y mediano plazo. El futuro lejano casi siempre pesa más de lo que queremos reconocer y debe influir en nuestro pensamiento más de lo que habitualmente lo hace. Pero no debe alterar siempre las demás consideraciones temporales.

TIEMPO PARA RECAPACITAR

Si existe una objeción acerca del 10-10-10, esta tiene que ver con el tiempo: "Estoy demasiado ocupado para hacer algo así".

Cuando se trata de tomar una decisión radical en la vida, es cierto que el 10-10-10 puede tomar horas o incluso más tiempo. Más adelante conoceremos a una ejecutiva publicista que se apoyó en esta metodología para decidir qué hacer con su carrera después de que a su hijo le diagnosticaron una enfermedad mental de origen genético. Puesto que tuvo que recurrir a diferentes opiniones médicas, su decisión tardó casi dos semanas.

Sin embargo, es mucho más frecuente que el 10-10-10 tome el tiempo necesario para tomar un camino acertado. Con este proceso, se malgasta menos tiempo del que se invierte sabiamente.

Tomemos el caso de Natalie, gerente de una empresa de tecnología a quien conocí el año pasado. Simultáneamente con su arduo trabajo, Natalie intenta mantener una fuerte presencia en la vida de su esposo y de sus dos hijos adolescentes, ambos atletas en la secundaria, desde hace dieciocho años. La mayor parte del tiempo logra mantenerse a flote, pero cuando surge algo nuevo debe tomar decisiones inesperadas, rápidamente.

Charlie, el tío de Natalie, nunca había figurado mucho en su vida; cuando falleció a la edad de ochenta y tres años, Natalie se sintió más indecisa de lo que hubiera esperado con respecto a asistir a su funeral. "Apenas lo conocía. Era el cuñado de mi madre", me explicó. "Pero también sabía que mi asistencia significaría mucho para mis padres y el resto de la familia. Lo interpretarían como un gesto de respeto".

Con esa reflexión, Natalie decidió asistir a la misa. Hizo planes para salir temprano de la oficina, pero justo cuando estaba a punto de salir, recibió un mensaje de texto de su hijo de quince años. El chico no tenía cómo llegar a su entrenamiento de fútbol; ¿podía ella ayudarlo? Antes de que Natalie pudiera reaccionar, llegó otro mensaje de texto, esta vez de su esposo: tenía que quedarse hasta tarde en la oficina. ¿Podía ella reemplazarlo y llevar a su hijo menor al ortodoncista?

"Bueno, hasta aquí llegó lo del funeral", lamentó Natalie con frustración y levantó el teléfono para llamar a su madre.

Pero entonces se detuvo. ¿Por qué no aplicar la metodología 10-10-10 al problema? Había conocido el proceso a través de otra madre profesional y desde entonces lo había estado utilizando para resolver conflictos pequeños entre el trabajo y la vida diaria, esos que son el pan de cada día.

Acto seguido, definió su pregunta inmediata de la siguiente forma: "¿Debo asistir al funeral del tío Charlie?".

Al pensar en las consecuencias a los diez minutos, supo que un "no" sin duda le facilitaría la vida. No tendría que buscar otro medio de transporte para Josh, ni pasar por el elaborado ritual de reprogramar la cita de Todd con la obstinada recepcionista del consultorio odontológico. ¡Qué alivio!

En cuanto a los diez meses, sin embargo, la consecuencia de la decisión de no asistir amedrentó a Natalie. Tenía solo una oportunidad para despedirse de su tío. Más allá de eso, probablemente no tendría otra oportunidad de ver a varios de sus familiares muy mayores de edad, a quienes quería mucho.

¿Y las consecuencias a los diez años? Como madre, Natalie creía firmemente en el viejo dicho: "Los hechos son más fuertes que las palabras". Si quería enseñar a sus hijos los valores de respeto y responsabilidad, tenía que demostrarlos.

El siguiente número que marcó fue el del celular de su hijo mayor. "Josh, no te puedo ayudar", le dijo. "Para mí es muy importante asistir al funeral de mi tío, debo demostrarle a mi familia cuánto los quiero. Por favor, pídele al entrenador que te ayude a ubicar quién te lleve". Después llamó al ortodoncista de su hijo menor y canceló su cita; consideró reprogramarla cuando tuviera tiempo.

Finalmente, de camino a la iglesia, llamó a su esposo para explicarle su decisión. "Estoy contigo", dijo él cuando ella terminó. Inicialmente, Natalie pensó que sus palabras querían decir "Estoy de tu lado". Pero el mensaje de su esposo era literal. Después de enviarle un correo electrónico a su jefe, se fue en el carro para acompañar a Natalie a la misa.

Más adelante, cuando le pregunté a Natalie cuánto tiempo había invertido en su decisión 10-10-10, se rió sorprendida. "Ah, no sé", dijo, "tal vez dos minutos".

No me sorprendió. He visto que el 10-10-10 resuelve dilemas más complejos con igual rapidez.

Una noche de verano, hace unos años, estaba cortando cebolla para la cena cuando mi hija pasó por la cocina. Con el incidente del baile del *hula* olvidado hacía tiempo, Sophia se había convertido en una jovencita que adoraba escribir, me imitaba a la perfección y también adoraba el tenis, podía responder un revés a dos manos. Para probarlo, tenía las iniciales del equipo de la escuela enmarcadas en su habitación.

"Mamá, tengo que decirte algo", dijo calmadamente. "Voy a dejar el tenis".

Mi corazón dio un vuelco. A lo largo del último año, ciertamente había notado que Sophia acortaba sus entrenamientos; la había oído quejarse de que ya no encontraba placer en el juego. Pero yo guardaba la esperanza de que tan solo estuviera pasando por una etapa transitoria.

Dejé de lado lo que estaba haciendo y me armé del tono de voz más firme que pude.

"Absoluta y rotundamente, *no*", dije. "Hemos trabajado demasiado duro y dedicado demasiadas horas para llegar a donde estamos para que lo dejes todo ahora".

Esperaba una pelea, pero Sophia me sorprendió. En perfecta calma, sacudió los hombros y simplemente respondió: "Está bien, pero hagamos el 10-10-10. ¿Qué tal formular esta pregunta: *¿Debe Sophia dejar de jugar un deporte del cual está hastiada?*".

"Preferiría la pregunta sin tanto énfasis", dije, "pero está bien".

Sophia empezó a presentar sus argumentos. En los tres lapsos de tiempo, dijo que el estar libre del tenis le permitiría enfocarse en actividades que ella simple y llanamente disfrutaba más. Insistió en que no dejaría de jugar tenis por completo, pues seguiría haciéndolo como pasatiempo.

"Las universidades querrán ver que has sido fiel al equipo de la escuela", le respondí, "y en unos diez meses, eso va a pesar. Las universidades quieren muchachos persistentes, que no se rinden ante las dificultades".

"Las universidades deben ver a la verdadera Sophia", fue su respuesta, "y no voy a jugar tenis en la universidad, mamá. Vamos, no soy lo suficientemente buena. Para mí no es divertido seguir perdiendo. No es mi deporte. Es el tuyo".

Ella tenía razón, por supuesto, pero yo no estaba lista para rendirme.

"Cuando seas mayor, dentro de diez o veinte años, vas a desear poder jugar tenis con tus amigos", dije. "Y conmigo. Podríamos jugar juntas".

"Podría vencerte a ti y tus patéticas jugadas con una mano atada en la espalda", me dijo con una leve sonrisa. Aguardó un momento antes de su golpe final; supongo que sabía que iba ganando. "Mamá", dijo, "esta decisión es sobre *mi* vida".

Ante eso, también tuve que sonreír. El juego había terminado y Sophia lo había ganado con todas las de la ley. El 10-10-10 nos había servido de árbitro confiable.

VER LO QUE QUEREMOS VER

El 10-10-10 siempre está presente. No importa el alcance del dilema al cual se aplica, no importan los detalles. Desde la mañana en que descubrí el 10-10-10, o él me encontró, he visto cómo la idea ha evolucionado hasta alcanzar su plenitud y se difunde de persona a persona, a través de fronteras de todo tipo. Porque funciona.

En una época en que el mundo se mueve a la velocidad de la luz y las decisiones son inexorablemente complejas, el 10-10-10 puede ayudarlo a forjar una vida premeditada en la que usted escoja sus opciones, una por una. Puede evitar que usted observe su vida desde afuera, con asombro, consternación o con un remordimiento que lo corroerá por siempre. Le ayuda a decidir si quiere ser una mujer profesional o una madre de familia, o ambas cosas, si una relación debe progresar o terminar, o si vale la pena conservar un empleo.

El 10-10-10 agrega racionalidad donde hace falta. Introduce premeditación donde solo hay instinto. Reemplaza la opacidad por la transparencia.

O como me dijo Antoine alguna vez, el 10-10-10 "acalla el ruido para que la mente pueda ver lo que necesita ver".

Esto me trae de nuevo a mi primera descripción del 10-10-10 como una herramienta para administrar la vida.

La verdad es que si usted utiliza el 10-10-10 regularmente, éste deja de ser una herramienta, un proceso, un dispositivo o una metodología, y se convierte en un latir infinito que proporciona apoyo.

Se vuelve un estilo de vida.

CAPÍTULO DOS

Así funciona su cerebro con el 10-10-10

La ciencia detrás del sistema

Un día que estaba hablando con Antoine Jefferson sobre su campaña de cambio en la oficina de asistencia social, se me ocurrió preguntarle cómo tomaba sus decisiones antes de conocer el 10-10-10. La pregunta le provocó un profundo suspiro. "Bueno, por puro instinto, supongo", dijo, moviendo la cabeza como si el recuerdo lo divirtiera y lo confundiera a la vez. "Y déjame decirte que cuando tomaba mis decisiones por instinto, pasaba *mucho tiempo* con el ánimo en el piso".

Escuché confesiones similares de prácticamente todas las personas que entrevisté para este libro. "Durante treinta años me dejé guiar por mis vísceras", me dijo una maestra de escuela de California. "La llamaba mi sensación 'oh-oh' y funcionaba como el treinta por ciento de las veces". Una madre de tres hijos en Filadelfia me dijo que ella le pedía consejo a su esposo y a sus amigos y que elegía el punto de vista que más le gustaba. "Nadie sabía nunca cuáles eran mis motivaciones", recordó. Otro practicante del 10-10-10 confesó que "simplemente esperaba que las decisiones me sucedieran".

Este tipo de comentarios me llevó a preguntarme: si el 10-10-10 ha sido tan exitoso al cambiar la manera como la gente toma las decisiones, ¿cómo lo hacían anteriormente? Y ¿cómo el 10-10-10 les ayudó a tomarlas de una manera diferente?

UNA MENTE BELLA

Debo decir que no soy científica. La última vez que estuve en un laboratorio fue para hacer la disección del feto de un marrano que una de mis compañeras de clase y yo habíamos apodado Juanito Picho. Pero durante los dos últimos años, me he impuesto la misión de aprender cómo funciona el cerebro bajo la orientación de expertos en sicología, neurología, economía conductual y biología evolutiva. Sus descubrimientos, además de los descritos en un montón de textos científicos, han revelado algunos míos sobre cómo y por qué el 10-10-10 es tan efectivo.

He aprendido que la mente humana es un maravilloso producto de la evolución, diseñado para orientarnos y protegernos en las situaciones sociales más comunes. Los seres humanos nos destacamos, por ejemplo, por hacer alianzas, llegar a acuerdos y reconocer motivos. Somos buenos para elegir líderes, trabajar en equipo y detectar enemigos que posan de amigos. Tales habilidades resultaron muy útiles en los primeros días de la civilización cuando los seres humanos luchaban por sobrevivir; gracias al proceso de selección natural, estas habilidades subsisten hoy en día en nuestro "alambrado" neurológico.

Sin embargo, aunque podemos manejar muchos tipos de interacciones sociales con una aptitud altamente evolucionada, nuestras mentes no son tan aptas para tomar decisiones que involucren múltiples variables y lapsos de tiempo, y por una buena razón. Como especie, los seres humanos tendemos a asignarle un valor decreciente tanto a las ganancias como a las pérdidas cuando estas se proyectan en el futuro. En el argot de los sicólogos esta dinámica se conoce con el nombre de "descuento hiperbólico"; en términos simples, significa básicamente que las personas tienden a actuar como si el futuro no existiera o fuera ideal.

Existen innumerables estudios que demuestran este efecto. Un informe publicado en 1999 por la Escuela de Medicina de la Universidad Johns Hopkins reveló, por ejemplo, que después de someterse a una extenuante cirugía de baipás coronario, hasta un 80 por ciento de las personas no hacen los cambios de estilo de vida relativamente sencillos que se requieren para prevenir cirugías posteriores, y siguen consumiendo alimentos grasosos, fumando y eludiendo el ejercicio físico.

Pero la investigación científica no es indispensable para confirmar que habitualmente ignoramos el impacto a largo plazo de nuestras acciones. Todos hemos aceptado alguna vez una invitación a algún lugar o una solicitud de ayuda a sabiendas de que, cuando llegue la hora, estaremos demasiado ocupados para cumplir con el compromiso. Todos hemos eludido el ejercicio, tomando otra copa de vino o terminando con el último *brownie*. En alguna parte de nuestra siquis visceral, al menos en alguna medida, todos hemos aprobado el viejo adagio "Comamos y bebamos que mañana moriremos".

Por supuesto, son pocas las personas que operan *únicamente* en el presente. Claramente, también está en nuestra naturaleza desarrollar mecanismos para combatir el descuento hiperbólico y "forzar" la inclusión de consideraciones a largo plazo en nuestro proceso de toma de decisiones. Algunas personas llevan diarios para oír sus pensamientos; otras hacen listas meticulosas de puntos a favor y en contra. Tengo amigos que nunca toman una decisión sin orar primero y otros que viven según el credo "Nunca decidas a solas". Antes de que el 10-10-10 entrara en mi vida, la reflexión colectiva era mi método preferido, cuando tenía alguno. Intentaba compartir mis dilemas más complicados con mis hermanas, ambas muy buenas para hacer preguntas sobre el futuro.

Pero seamos realistas. Pocas decisiones ocurren en situaciones en las que podemos recurrir a un diario o incluso a un par de hermanas ecuánimes en busca de la perspectiva de 360 grados que necesitamos. Al fin y al cabo, muchas de nuestras elecciones son tan personales y tan complicadas que, por necesidad y por costumbre, estamos solos frente a ellas.

Y es ahí donde entra el 10-10-10. Al exponer cada opción y sus consecuencias, y al relacionar acciones con valores profundamente arraigados, el proceso nos brinda la herramienta que necesitamos para neutralizar las tendencias contraproducentes de nuestra mente. Nos ayuda a situarnos frente al dilema.

GRANDES EXPECTATIVAS

Para entender cómo el 10-10-10 logra ese efecto, debemos remontarnos (muy rápidamente) al siglo XVIII. En 1738, un matemático suizo holandés llamado Daniel Bernoulli planteó una hipótesis: las personas que enfrentan decisiones que contienen múltiples variables miden la probabilidad y severidad de los posibles desenlaces y valoran las consecuencias de cada uno de ellos, para luego escoger la opción que maximiza sus ganancias y minimiza sus pérdidas en todos los lapsos de tiempo. Básicamente, intentan obtener el mejor "precio" o beneficio personal de cualquier decisión.

La idea de Bernoulli era tan intrigante que, dos siglos más tarde, fue acogida y desarrollada en mayor grado por dos renombrados matemáticos de la Universidad de Princeton, John von Neumann y Oskar Morgenstern, quienes la bautizaron "Teoría de la utilidad esperada".

El problema con esta teoría, sin embargo, es que guarda una relación alejada de la realidad. La gente no mide regularmente la probabilidad y severidad de todas sus opciones. No suele evaluar los desenlaces y las consecuencias. En otras palabras, no actúa racionalmente todo el tiempo.

Las fuerzas que socavan la racionalidad en el comportamiento humano son muchas; la mayoría son bien conocidas para cualquiera que esté vivo. Hay presiones de tiempo, de grupo, escasez y sobrecarga de información. La lista continúa. Pero el resultado de todas estas condiciones es el estrés, el máximo obstáculo para el pensamiento racional. Cuando golpea, nuestra presión sanguínea se eleva, el pulso se acelera y la adrenalina corre por nuestras venas. Estas reacciones pueden ser benéficas pues agudizan la atención y el propósito, y nos permiten actuar en forma casi sobrehumana. Mi amiga Skye, por ejemplo, saltó del puesto del conductor después de un terrible accidente automovilístico y rescató a su hermana, quien estaba atrapada en la parte posterior del vehículo. Solo después, cuando su hermana estaba a salvo, Skye se dio cuenta de que estaba herida. Tenía destrozada la pelvis.

Salvo esas emergencias de vida o muerte, es común que el estrés interfiera en la toma lógica de decisiones. Al recorrer el cuerpo, las hormonas del estrés monopolizan la corteza frontal, un área del cerebro donde ocurre el razonamiento complejo. Y cuando el estrés llega a producir ansiedad total, nuestros neurotransmisores inoperantes pueden provocar lo que algunos sicólogos llaman "pensamiento de ciclo cerrado", en el cual la mente empieza a obsesionarse con una sola preocupación, como una canción que no podemos sacarnos de la cabeza. El resultado puede ser una sensación de confusión o una parálisis, o ambas. Sospecho que antes de la revelación del 10-10-10 que tuve en Hawái, mi pobre cerebro —en el que retumbaban las voces de quienes tenían un interés en mis decisiones de vida— estaba experimentando un colapso semejante.

Fui rescatada por el amanecer y por una idea.

Sin embargo, la mayoría de la gente es rescatada de la estresante indecisión por el generador de reserva de su cerebro: el instinto visceral.

LO QUE DICE EL SUBCONSCIENTE

No hace mucho, mientras recibía tratamiento para el dolor de un codo, la fisioterapeuta me preguntó qué me había estado "diciendo" recientemente mi achacosa articulación. "Tienes que escuchar a tu cuerpo", me dijo. "Es como tu instinto visceral, está lleno de sabiduría".

Asentí. Al igual que la mayoría de la gente, estaba de acuerdo en que el instinto visceral tiene sus momentos de brillante lucidez. Es un identificador de patrones, por así decirlo. Es el subconsciente diciendo: "Hola, esto ya te sucedió. Esta vez, por favor, ten en cuenta las lecciones que has aprendido".

Pero cada vez que oigo a alguien hablar de la "sabiduría" del instinto visceral, especialmente en el caso de decisiones que tienen un impacto real y ninguna salida fácil, me resisto. Por experiencia —de hecho, por dos experiencias— sé lo inadecuado que puede ser el instinto visceral como guía efectiva y significativa.

La primera experiencia me sucedió a los veintiún años, cuando recorría las calles en busca de un trabajo como periodista y terminé en Kansas para una entrevista. Eran las siete de la tarde cuando salí de las oficinas del periódico para caminar de regreso al hotel; una hora más tarde finalmente reconocí que estaba completamente perdida en la zona equivocada de la ciudad. Justo en ese momento, un hombre maduro corpulento con sombrero de vaquero se detuvo a mi lado en un Cadillac blanco. "Veo que usted no es de aquí", dijo. "Permítame ayudarla".

Como la mayoría de las chicas, había pasado la vida escuchando que subirse al carro de un desconocido que no tuviera el 'sello de aprobación de buen vecino' tatuado en la frente era una forma de suicidio. Pero ese día le eché una mirada a la sonrisa tonta y desdentada de ese individuo y me subí en el puesto de adelante. El final feliz de esta historia es que disfruté de un paseo encantador hasta la puerta del hotel, durante el cual me enteré de la perfecta esposa y los maravillosos hijos y nietos de mi agradable compañero.

Al despedirnos, le agradecí su gentileza y después le dije, casi disculpándome: "No puedo creer que haya dado una vuelta con usted".

"¿Sabe qué?", respondió. "Yo tampoco".

Avancemos rápidamente dos años. Estaba perdida de nuevo, excepto que esta vez era en Miami, donde finalmente había conseguido un empleo. De hecho, estaba perdida en algún punto del tenebroso laberinto de calles detrás del aeropuerto de la ciudad por haber dado un giro equivocado a la izquierda o a la derecha (o ambas) de camino a una cita. Estaba lloviendo a cántaros y mi automóvil dejó de funcionar. Esto sucedió mucho antes de la aparición de los teléfonos celulares; estaba desesperada por salir de ahí e informarle a la sala de redacción por qué no estaba donde se suponía que debía estar. Estaba literalmente llorando de frustración cuando un hombre en una camioneta se estacionó al lado y, desafiando la tormenta, corrió hasta mi ventana. "¿Necesita ayuda?", preguntó. "Voy camino a la estación de gasolina que está a una milla, cerca de la calle West Flagler. La puedo llevar".

Lo miré una vez y pensé: "*Por nada del mundo*".

Lo chistoso es que el tipo parecía simpático. También tenía una expresión tonta y abierta. Era más o menos de mi edad e incluso algo apuesto. Pero algo me hizo decirle que la ayuda ya venía en camino. En realidad, pasó otra hora antes de que una patrulla de la policía se acercara, llamara una grúa y me llevara a casa.

Durante algún tiempo después, me sentí avergonzada por mi rechazo impulsivo al posible ayudante de West Flagler. Había sido reportera tan solo dos años, pensé, pero ya me había convertido en una mujer insensible.

Un día, un tiempo después, mientras pasaba un rato en la estación de policía por motivo de mi trabajo en el ámbito penal, vi un montón de fotos de registro sobre el escritorio de mi compañero, el detective Joe Lodato. Con seguridad el lector se puede imaginar de quién era la foto encima de la pila.

"Oye, Joe. ¿Por qué buscan a este tipo?", pregunté con voz temblorosa señalando la foto.

"¿A ese?", dijo Joe con un gesto de repugnancia. "*Por todo*".

Posiblemente a partir de estas dos historias se podría concluir que, en realidad, el instinto visceral funciona de manera bastante efectiva. Al fin y al cabo, me había llevado a tomar dos decisiones correctas. Pero pensémoslo. Ninguna de las dos historias me enseñó nada. En Kansas, mi instinto me dijo "Ve con el tipo". En Miami, me dijo "No vayas con el tipo". Y no tengo ni idea por qué. Aun hoy, todavía me pregunto si simplemente tuve suerte. Quiero aclarar que no estoy menospreciando el instinto visceral. Como he dicho, es perfectamente adecuado para decisiones menores y, muchas veces, es lo único que está a su disposición. Pero como método para tomar decisiones cruciales en la vida, que se puedan explicar a los demás —y en especial como medio para llevar una vida planeada y consciente— no es suficientemente confiable.

ACTUAR COMO SIMPLES SERES HUMANOS

De hecho existe una razón neurológica para hacerlo. Como vine a descubrir durante mi exploración del funcionamiento cerebral, el instinto visceral con frecuencia no es más que una reacción innata que puede tener muy poco que ver con la elección que enfrentamos en un momento dado, pero mucha relación con las opciones que afrontaban nuestros antepasados en la sabana africana.

Me refiero a lo siguiente: hoy en día los sicólogos evolutivos concuerdan en que muchos sesgos de la conducta humana fueron incorporados genéticamente en nuestro cerebro para garantizar la supervivencia. En circunstancias primitivas, por ejemplo, fuimos "programados" para permanecer inmóviles en momentos de peligro ya que los depredadores rara vez persiguen presas muertas. Aún tenemos profundamente arraigada esa propensión a la parálisis, bien sea que el "peligro" tenga forma de una fecha límite que se nos viene encima o de una reunión importante. En forma similar, en los albores de la civilización, distanciarse de la tribu y quedar por cuenta propia significaba la extinción. En consecuencia, para la gente sigue siendo difícil oponerse a las reglas de la mayoría y al consenso. Muchos hemos estado de acuerdo con una idea terrible solo porque es incómodo contradecir a los amigos o colegas, o incluso al *statu quo*. Al hacerlo, estamos actuando como simples seres humanos.

El 10-10-10 no puede negar los arraigados sesgos neurológicos que, durante millones de años, nuestros cerebros han desarrollado con el fin de proteger la especie. Pero los puede domar; es más, los puede transformar acorde con la época en que vivimos.

Veamos cómo nuestra mente procesa un consejo. Cuando usted tiene un problema, puede llegar a creer que mientras escucha las opiniones de la tía chiflada, del jefe inteligente y del hijo demasiado joven, está utilizando un cerebro "educado" que selecciona quién está haciendo la contribución más sensata. Pero los estudios de sicología le demostrarían que está equivocado. Parece haber consenso general entre los científicos en cuanto a que hay varios sesgos arraigados que minan nuestra capacidad de distinguir los consejos buenos de los malos. Tendemos, por ejemplo, a dar mayor crédito a la última y a la primera información que hemos oído y a ignorar lo que hemos escuchado en el intervalo, independientemente de la veracidad o relevancia de la información. Algunos sicólogos cognitivos también creen en una fuerte tendencia innata del hombre a creer en la información que ha oído el mayor número de veces y dar más peso a la información proveniente de personas que le gustan y menos peso a la suministrada por personas que le desagradan.

El 10-10-10 interfiere con esta "sordera" selectiva de información. Su cerebro puede querer que usted ignore algo que escuchó hace dos semanas o un comentario expresado por un viejo vecino gruñón. La disciplina del proceso no se lo permitirá. El 10-10-10 no le permitirá dar crédito a información que usted haya oído una y otra vez porque, por definición, le "exigirá" comprobar los hechos y las hipótesis.

ESCUCHAR CON LOS OÍDOS ABIERTOS

Durante muchos años, Paula había luchado contra el comportamiento rebelde de su hijo mayor. Kenny era bebedor, fumador y peleón, y a sus diecisiete años ya llevaba dos arrestos por delitos menores. Un encuentro fortuito con un viejo amigo de las fuerzas armadas llevó a Kenny a la oficina de reclutamiento, y el muchacho terminó enlistándose. Al cabo de un año, Kenny era un hombre renovado, responsable y maduro, me dijo Paula. "Se convirtió en un adulto".

Con Kenny acuartelado en Carolina del Norte, Paula

finalmente pudo darse un respiro aunque no por mucho tiempo. Un día, su hijo menor —estudiante de décimo grado, apodado Hooper— recibió la libreta de calificaciones llena de malas notas. Paula quedó atónita. Hooper era su hijo "fácil": bueno en el colegio, loco por el basquetbol, nunca un problema en casa. Paula se reunió con los funcionarios de la escuela, quienes también estaban asombrados. Hooper parecía haberse "caído por un barranco", decían.

Paula y su esposo Jim intentaron llegar al fondo del problema, pero Hooper escasamente respondía sus preguntas. Les confesó que odiaba a su profesor de matemáticas porque él lo odiaba. Les aseguró a sus padres que el no haber sido seleccionado para el equipo de básquet no tenía nada que ver con su mal humor y que todo mejoraría si se cambiaba de colegio.

La mente de Paula daba vueltas buscando un plan de acción mientras Hooper seguía intentando convencerlos. Su consejero estudiantil estuvo de acuerdo en que un cambio podría ser bueno. Sin embargo, a Jim le preocupaba que al sacar a Hooper del colegio solo le enseñaría a huir de los problemas. Por otro lado, ni él ni Paula querían mantener al muchacho en un ambiente que lo estaba haciendo sufrir.

En algún momento en medio del problema, Paula tuvo una breve reunión con el profesor de matemáticas de Hooper y de inmediato comprendió por qué el docente le caía tan mal a Hooper. Su rostro era adusto, era impaciente y era obvio que no le interesaba ocuparse del protocolo que precede la mayoría de las reuniones entre padres y maestros. "Su hijo está deprimido", le dijo a Paula al minuto de conocerla. "Necesita un médico y probablemente un tratamiento". Paula salió de la reunión tan furiosa con el descaro del profesor —¡él ni siquiera conocía a Hooper!— que no fue capaz de repetir sus comentarios a nadie, ni siquiera a su esposo.

Una lúgubre Navidad llegó y pasó; al terminar las vacaciones, Hooper se negó a regresar al colegio. Paula estaba buscando un cupo en las escuelas de las parroquias locales cuando una amiga le sugirió intentar el método de análisis 10-10-10. Sintiéndose al borde de la locura, ella aceptó.

Paula formuló su dilema así: "¿Debe Hooper cambiar de colegio?".

En el lapso de diez minutos, pensó que retirar a Hooper de la fuente de su sufrimiento sería como sacarle una inmensa espina a la familia.

El escenario de diez meses era más confuso. Tal vez cambiar de colegio mejoraría el comportamiento de Hooper y todo estaría bien de nuevo. Pero ¿qué haría si no era así?

Durante semanas, Paula estuvo obsesionada con los consejos del director y de su esposo. Pero de repente descubrió que no podía seguir ignorando otra voz: la del profesor de matemáticas. ¿Qué pasaría —se preguntó— si contemplaba la posibilidad de que Hooper estuviera lidiando con algo más serio, sin fácil arreglo, como la depresión? En ese caso, ¿cómo cambiaría su raciocinio?

Al instante, Paula supo que no podía tomar una decisión sobre Hooper sin tener más información, sin importar cuán perturbadora pudiera ser. Llamó al pediatra para solicitar una remisión y en cuestión de días, Hooper tuvo cita con un psicólogo.

Finalmente, el diagnóstico de depresión de Hooper llenó a Paula de alivio y gratitud. El énfasis del 10-10-10 en comprobar una hipótesis y considerar toda posible opción sin importar su origen había obligado a Paula a abrir la mente y a oír el consejo de una persona que ella había querido ignorar. El proceso no se lo permitió.

Hoy en día, Kenny está prestando servicio militar en Irak y a Paula no le faltan motivos de preocupación. No obstante, Hooper —ahora director técnico del equipo de básquet del colegio y alumno con calificaciones regularmente por encima del promedio— no es uno de ellos.

HASTA LAS RODILLAS EN EL FANGO

Además de ayudarnos a corregir el procesamiento selectivo de información, el 10-10-10 también interfiere con otros dos prejuicios comunes.

La mayoría de nosotros probablemente recuerda alguna ocasión en la que se haya sentido obligado a seguir aferrado a un proyecto imposible o a una relación destinada al fracaso. En pocas palabras, tal comportamiento es lo que la ciencia cognitiva llama compromiso progresivo, o impulso psicológico a aferrarse a una "inversión" aun cuando es evidente que no funciona. Son abundantes los libros y estudios académicos sobre este tema pero mi favorito es un artículo acertadamente titulado "Knee Deep in the Big Muddy" (Con el fango hasta las rodillas) escrito por Barry M. Staw, profesor de administración de la Universidad de California en Berkeley. El autor describe ampliamente nuestra tendencia a hundirnos en una situación que empeora cada vez más, buscando preservar nuestra autoimagen o justificar nuestras acciones, o ambas cosas.

Ahora bien, usted puede preguntarse: si el compromiso progresivo es tan inútil, ¿por qué seguimos siendo sus víctimas con tanta frecuencia? Nadie lo sabe con certeza pero los antropólogos sociales han formulado una hipótesis: los primeros sobrevivientes del mundo probablemente fueron quienes, aun enfrentados al fracaso, se negaron a abandonar actividades tales como la agricultura, la caza y la reproducción. La selección natural premió tal perseverancia y todos nos podemos alegrar de ello. Pero el resultado neurológico es que seguimos inclinados a no salir de nuestros aprietos —especialmente en situaciones en las que hay mucho en juego— sin importar qué tan desastrosos puedan ser.

El 10-10-10 nos obliga a preguntarnos: "¿Cuáles son en el futuro las consecuencias positivas y negativas de seguir en este embrollo?". De esa manera, la metodología logra romper la espiral descendente del compromiso progresivo.

"NO PUEDO ACERCARME A ESTE HOMBRE"

Rachel es una asistente administrativa que conocí hace varios años. Tiene treinta y seis años, vive en Chicago y es un ejemplo perfecto (aunque doloroso) de cómo el compromiso progresivo nos puede ganar la partida.

Rachel es energía positiva pura: es una mujer inteligente, capaz y llena de calidez. Su intuición acerca de la gente, perfeccionada por años de viajar por el mundo y trabajar en empresas exitosas, generalmente es acertada. Pero cuando conoció a Kyle, un apuesto contratista pelirrojo, su buen juicio empezó a diluirse.

La relación de Rachel y Kyle comenzó con una coqueta conversación en el gimnasio; antes de que terminara el mes, estaban viéndose una o dos veces por semana e invirtiendo horas enteras todas las noches hablando por teléfono sobre el trabajo de Kyle, su sueño de participar en política local y los problemas relacionados con la lucha de su madre contra el cáncer. Las conversaciones parecían tan íntimas que Rachel no se pudo controlar. Estaba en un punto de su vida en que los hombres eran cada vez más escasos. Se preguntó si finalmente estaba oyendo campanas de matrimonio.

Había solo un problema; la relación era completamente platónica. Rachel se convenció de que la razón era loable: Kyle estaba demasiado preocupado por la enfermedad de su madre para conectarse físicamente con una mujer. Ella sentía que no podía —ni debía— comprobar esa hipótesis.

Pasaron los meses. Rachel y Kyle siguieron viéndose con frecuencia y hablando casi todas las noches. Con el tiempo, Rachel empezó a visitar con regularidad a la madre de Kyle en el hospital, donde conoció y se hizo amiga de muchos miembros de su familia. Pero no hubo ni un beso entre los dos.

"¿Nunca pensaste 'tiene que andar algo mal'?", le pregunté a Rachel cuando me contó su experiencia.

"Ese pensamiento pudo haberse cruzado por mi mente", respondió con una sonrisa sarcástica. "Todas las noches me acostaba pensando: 'No puedo acercarme a este hombre' ".

Un año y medio después de que Rachel había conocido a Kyle, su madre falleció. En el funeral, un primo de Kyle se acercó a ella y le dijo: "Alguien debe decírtelo. Kyle tiene algo serio con una chica que todos conocemos. Su nombre es Abril. Está allá". En una esquina, la hermana de Kyle estaba parada junto a una linda joven que no parecía tener más de veintiún años.

Esa noche, con un escueto mensaje de texto, Rachel finalmente terminó las cosas.

"¿Sabes? Creo que a Kyle realmente le gustaba hablar conmigo", es la reflexión de Rachel ahora. "La mentira era que no se podía casar con una mujer que no fuera católica ortodoxa. Tal vez lo percibí, pero hubo un punto en que me sentí tan involucrada en la relación que simplemente no me pude salir de ella".

Según Rachel, el 10-10-10 habría impedido que tomara la "decisión más estúpida de su vida" de seguir con Kyle al obligarla a ver que su dedicación a la relación no tenía sentido bajo ningún marco temporal.

Para comprobar ese punto, Rachel realizó conmigo un 10-10-10 retrospectivo situándose en el tiempo un año antes de la muerte de la madre de Kyle. La pregunta, en sus palabras, fue: "¿Debo salirme ahora de esta relación?".

En los escenarios temporales de diez minutos y diez meses, Rachel admitió que la respuesta habría sido no. "Habría estado dispuesta a invertir otro año de mi vida en Kyle", explicó. "Sentí que teníamos algo y no había muchas alternativas en el horizonte".

Sin embargo, el escenario de diez años fue revelador. Si ella y Kyle se unían, pensó Rachel, estaría casada con un hombre encantador pero tan obsesionado consigo mismo que siempre habría una parte de él inalcanzable para ella. "Solo cuando me imaginé el futuro lejano vi las verdaderas consecuencias de mi pasividad", me dijo.

En otras palabras, el 10-10-10 habría frenado la creciente dedicación de Rachel a Kyle. Sin el proceso, ella solo puede estar agradecida de que su primo haya aparecido para hacerlo.

Rachel ha vuelto a ser la de antes; acaba de regresar, rebosante de entusiasmo, de un viaje a Honduras donde distribuyó unos micropréstamos entre mujeres agricultoras y tiene planes de regresar pronto. En cuanto a Kyle, ella lo considera un recuerdo que le dio una lección importante. "Nunca me negaré a volver a utilizar el 10-10-10", me dijo. "Lo veo como una forma de protegerme de mis propias emociones; una forma de preservar mi autoestima. ¡Qué regalo tan valioso!"

PARÁLISIS FRENTE AL FUTURO

La investigación en el campo de la ciencia cognitiva también ha identificado un conjunto de sesgos o prejuicios que tienden a atraparnos en estados emocionales negativos. Dicho de manera simple, tendemos a sentir que, cuando llegan, los malos tiempos nunca se irán ni tampoco nuestros sentimientos al respecto. Es como Nueva York después del 11 de septiembre. Algunos residentes huyeron a los suburbios, o incluso más lejos, jurando no regresar nunca al "irremediablemente" desfigurado panorama psicológico de la ciudad, mientras que muchos de los que se quedaron pronosticaron que la ciudad nunca recobraría su agitación y bullicio. Por supuesto, ningún neoyorquino olvidará jamás ese trágico día, pero pocos dirían que la ciudad no se ha recuperado. Simplemente, tomó tiempo.

En nuestra vida se da la misma dinámica emocional. Emily, una mujer de Texas a quien conocí a través de una amiga, perdió en un accidente automovilístico a su adorado esposo con quien estuvo casada veinte años. Durante muchos años continuó usando su argolla matrimonial e incluso se hizo tatuar en el brazo el nombre de su difunto esposo. Su sensación de pérdida era tan profunda que estaba convencida de que nunca volvería a mirar a otro hombre y menos aun salir con alguien. ¿Es por lo tanto sorprendente que hoy Emily esté casada nuevamente y sea feliz? Las emociones tienen su propia manera de autorrepararse; sin embargo, la ciencia ha demostrado que en los peores momentos nuestra mente nos dice lo contrario.

Cabe de nuevo preguntarse por qué existe tal prejuicio y, de nuevo, no hay respuesta definitiva. Algunos científicos han señalado que las emociones fuertes le dieron al ser humano más primitivo la energía sicológica para luchar con tenacidad aun en los momentos de gran dificultad. Pero en el mundo de hoy, el punto es que la tendencia a creer que las emociones efímeras durarán para siempre afecta negativamente la toma de decisiones. George Lowenstein, profesor de economía de la Universidad Carnegie Mellon, llama a esta dinámica "falta de empatía" con nuestro yo futuro. Tal vez sepamos que estaremos presentes —trabajando, criando a los hijos, haciendo diligencias, etc.— en cinco o diez años, pero solo podemos imaginarnos haciendo todo esto al estar en un estado permanentes de parálisis y angustia.

El 10-10-10 contrarresta esa "falta de empatía" no al insistir en que seremos mejores algún día sino al pedirnos *crear* la persona que seremos cuando llegue ese día.

EL SUEÑO DE UNA VIDA

Conocí a Lynne Scott Jackson, experta en mercadeo con veinte años de experiencia en el mundo empresarial, después de que ella descubrió que tenía la posibilidad de crear esa persona mejor.

El dilema de Lynne estalló poco después de haber lanzado su propia firma de relaciones públicas enfocada en el mercado afroamericano. "Mi sueño era construir algo muy especial", me dijo: "una exitosa empresa dirigida por una ama de casa descendiente de esclavos".

Una semana antes de viajar a un proyecto de consultoría para visitar su primer cliente importante, sus padres se enfermaron. No estaba en riesgo la vida de ninguno de los dos, pero hubo un verdadero torrente de conmovedoras llamadas telefónicas que siempre terminaban con el pedido de sus padres de que fuera a Virginia de inmediato y se quedara con ellos mientras se recuperaban.

El instinto de Lynne se apoderó de la situación. "No te vayas", le decía. "Debes cuidar a tu familia. Es lo correcto".

Lynne conocía y practicaba con asiduidad el 10-10-10 y decidió utilizar el proceso para decidir qué hacer en esa situación.

En el lapso de diez minutos, estaba segura de una cosa: cancelar el viaje aliviaría su sentimiento de culpa. Por otra parte, preveía que la cancelación del viaje le despertaría sentimientos aun más profundos de pánico y temor. ¿Le permitiría su nuevo cliente aplazar todo? Lo dudaba. Aunque lo hiciera, Lynne temía causar una primera impresión negativa.

Después pasó a evaluar su situación de vida en diez meses. Sus padres probablemente habrían vuelto a su rutina. Pero si Lynne no viajaba a Suráfrica, su empresa probablemente seguiría en dificultades. Le había tomado casi un año cerrar el negocio y podría tomarle meses conseguir otro.

A diez años, sin embargo, el panorama era distinto.

Tristemente, su padre podría haber fallecido pero su madre, más joven y de mejor salud, probablemente aún viviría. Los problemas de salud seguramente surgirían una y otra vez, y cada vez con mayor gravedad. ¿Seguiría Lynne viajando a Virginia cada vez que sucediera algo malo? Aún, si una acción como esa mitigara su sentimiento de culpa en el presente, pensó, sin duda le negaría la oportunidad de crear una empresa exitosa.

¿Cómo sería el escenario en diez años si no cancelaba el viaje? Lynne se visualizaba dirigiendo una empresa de unos veinte o treinta empleados; era el sueño de su vida y un logro, creía ella, digno del sacrificio de sus antepasados.

Al día siguiente, Lynne tomó un vuelo hacia Virginia no para quedarse allí sino para contratar el servicio permanente de una enfermera a domicilio para sus padres. Considerar los tres lapsos de tiempo le abrió los ojos a una solución que no había podido visualizar en la "efervescencia" de su estado emocional. Llamó a su hermano de California, quien había estado exento de las responsabilidades de cuidar a la familia durante un largo tiempo por estar prestando servicio militar en el exterior, y le pidió ayuda. Él rápidamente aceptó viajar al este la semana siguiente.

Entonces Lynne viajó a Johannesburgo, tal como estaba previsto.

"Al imaginar cómo me sentiría en el futuro —y cómo *quería* sentirme— la crisis terminó modificando positivamente la relación con mis padres", me dijo Lynne recientemente. "Ahora es mucho más sana. Me obligó a establecer un sistema sostenible para cuidar a mis padres.

Me hizo tomar el teléfono e involucrar a mi hermano en la ecuación. El 10-10-10 me ayudó a ir más allá de mis propios límites".

El negocio de Lynne continúa creciendo y la ha llevado a ejercer una carrera alterna como docente de comunicación en una universidad neoyorquina. "De no haber utilizado el 10-10-10 para enfrentar mi dilema", dice ella, "podría estar viviendo aún en Virginia, cuidando a mis padres, con una vida que realmente no quería".

Sin embargo, Lynne está llevando una vida que ella misma creó.

EL PILOTO AUTOMÁTICO DE LA NATURALEZA

Cuando empecé a explorar la conexión entre la neurología y el 10-10-10, descubrí casi de inmediato y con exactitud lo que quiso decir Isaac Asimov al afirmar que "el cerebro es la organización de materia más compleja que conocemos". Efectivamente, lo más importante que ahora sé —tras haber pasado dos años peleando con la economía conductual, la neurología, la sicología evolutiva y sus áreas afines— es que no soy la única en pensar que la ciencia, a pesar de los grandes avances tecnológicos, nunca entenderá por completo las maquinaciones de la mente. La "compleja organización" de Asimov es tan misteriosa como maravillosa.

Sin embargo, la ciencia sí conoce suficientemente el cerebro humano para explicar cómo toma decisiones, tanto para bien como para mal. A medida que yo misma entendí mejor el proceso, recordé nuevamente a mi viejo amigo Fiódor Dostoievski, quien dijo alguna vez: "No es el cerebro lo que importa, sino aquello que lo guía —el carácter, el corazón, la generosidad, las nuevas ideas".

El 10-10-10 puede ser una de esas nuevas ideas. Al hacernos revisar metódicamente nuestras opciones en diferentes lapsos de tiempo, el proceso desafía nuestros sesgos neurológicos más arraigados. Nos obliga a descomponer y analizar qué estamos decidiendo y por qué, y nos empuja a desarrollar empatía con quien podríamos llegar a ser. El 10-10-10 desconecta nuestra toma de decisiones del piloto automático de la naturaleza.

Nunca, por supuesto, seremos capaces de desterrar de nuestra vida el instinto. Algunos dilemas son tan complejos y estresantes que se resisten a un raciocinio más disciplinado y riguroso.

Pero si usted busca una nueva vida de claridad y propósito, entonces su cerebro requiere eventualmente una intervención, por su propio bien, para sobreponerse a la muy humana propensión a actuar impulsivamente.

El 10-10-10 nos incita a reflexionar, luego a actuar.

Nos ofrece decisiones confiables.

CAPÍTULO TRES

Finalmente auténtica

La ecuación de valores del 10-10-10

Hasta ahora, en este libro he mencionado la palabra "valores" apenas cinco veces. Y digo apenas porque cuando se trata de sacar el máximo provecho del 10-10-10, ese número escasamente le hace justicia al tema.

Sin valores, el 10-10-10 es tan solo un mecanismo para mirar por encima las alternativas que tenemos para tomar una decisión.

Pero cuando los valores son parte integral del proceso, el 10-10-10 se convierte en algo verdaderamente transformador al permitirnos vivir en sincronía con nuestros auténticos sueños, aspiraciones y creencias. Por eso, cada vez que oigo a la gente hablar de sus decisiones —especialmente cuando trabajo con personas que utilizan el 10-10-10— a menudo termino haciendo proselitismo sobre la importancia innegable y avasalladora de incorporar los valores en la mezcla. No lo puedo evitar.

En mi juventud —bueno, hasta cuando tuve casi treinta años— pensaba que la mayoría de la gente se guiaba por las mismas creencias morales y acataba los mismos principios operativos: hacer el bien a los demás, amar al prójimo... Ese tipo de cosas. También asumía que la mayoría de las personas finalmente compartía la misma lista básica de prioridades en la vida: familia, felicidad, logros, seguridad financiera y una sensación de equilibrio entre ellas. Pensaba que los valores eran tan genéricos que casi siempre marginaba a quien intentara decirme lo contrario.

Pero un día, durante mi segundo año en la escuela de negocios, un compañero de clase se me acercó en la plazoleta dando brincos para invitarme a una fiesta en su residencia estudiantil esa noche. Yo me quedé mirándolo un buen rato.

"¿Acaso no tenemos mañana examen de mercadeo industrial?", finalmente le pregunté en un tono que solo podría describirse como "fulminante".

Mi compañero puso los ojos en blanco. "Interpretaré eso como un no", dijo.

"Quiero decir... El semestre aún no termina", agregué.

"¡Estamos en mayo, Suzy!", me contestó. "A estas alturas, todos tenemos un empleo definido, incluso tú".

"¡Pero aún quedan dos semanas antes de que entreguen las notas!", le grité.

Mi compañero sacudió la cabeza con tristeza. "¿Sabes qué?", me dijo. "Tú simplemente no valoras la diversión". Y se alejó dando brincos y dejándome desconcertada.

Fue una revelación que me dejó fría y que con el tiempo me llevó a analizar detenidamente por qué yo siempre estaba trabajando, trabajando, trabajando. Resulta que la respuesta tenía que ver un poco con mi peculiar abuela siciliana, pero mucho que ver con lo que ahora llamo el "Gran Agujero Negro", una condición que surge de desconocer la importancia de los valores. El Gran Agujero Negro es más común de lo que se cree y se manifiesta como un enorme vacío emocional en nuestra vida que se busca llenar con actividades, compromisos, hijos, estudio o cualquier ocupación que oculte ese vacío.

Gracias al 10-10-10, tanto mi Gran Agujero Negro como mi aversión a la diversión desaparecieron hace tiempo. Y también mi falta de claridad respecto a los valores.

Hoy finalmente puedo decir que entiendo mis valores en todo su esplendor poco genérico. Más importante aún, mi esperanza es que al final de este capítulo usted también comprenda con más exactitud y más sentido los suyos. De este modo sus propias decisiones 10-10-10 serán mucho mejores y más auténticas.

EL CATALIZADOR INTERNO

Utilizando el 10-10-10 a lo largo del camino durante los últimos años, he descubierto que mientras muchas personas conocen sus propios valores, otras tantas son como yo antes de mi experiencia de conversión en la plazoleta. Posiblemente perciben cuáles son; tal vez los intuyen. Pero en realidad no los pueden expresar y mucho menos utilizar para tomar decisiones.

Por suerte, el mismo proceso 10-10-10 puede ser un

catalizador efectivo para identificar valores, como lo fue para Jackie Majors, una mujer de California que me escribió por vez primera después de la publicación en la revista *O* de mi artículo sobre el 10-10-10.

El dilema de Jackie llevaba mucho tiempo en gestación, pero hizo crisis cuando su hija Leah, de seis años, trajo a casa un proyecto escolar: una colección de biografías que había escrito sobre su familia. En la página sobre su abuela, quien cuidaba a la niña mientras Jackie trabajaba sesenta horas a la semana como vicepresidente de una empresa, Leah había escrito cuatro párrafos muy emotivos. De igual forma había llenado la página sobre su padre, quien era profesor, con efusivos elogios y una detallada descripción de sus clases diarias de deportes después del colegio.

En la página sobre Jackie, el texto decía: "Mi mamá viaja mucho. Mi mamá organiza fiestas de cumpleaños cuando está en la ciudad".

Más tarde esa noche, cuando las niñas estaban acostadas, Jackie reprimía su llanto pensando si debía renunciar a su trabajo o si había otra solución para el tormento que sentía. En medio de sus ideas confusas, Jackie recordó que tenía mi artículo sobre el 10-10-10 en su maletín; un colega se lo había dado al comienzo de la semana con una discreta advertencia: "Tu vida es demasiado alocada. Lo necesitas".

Jackie sacó el artículo y empezó a leerlo. Al hacerlo, la presa se rompió y corrieron las lágrimas. "Me veía retratada en cada frase", recuerda Jackie, "indecisa, corriendo en todas las direcciones, nunca plenamente feliz. Y sollocé".

Durante algo más de una hora, con papel y lápiz, Jackie luchó por organizar sus opciones y las consecuencias que tendrían. Pero siempre se encontraba con una pared. "Finalmente", me dijo después, "se me ocurrió que no podía definir lo que quería hacer ni lo que eso significaría hasta que supiera lo que quería de la vida".

Consiguió otro pedazo de papel, escribió VALORES en la parte superior y, de inmediato, las palabras comenzaron a fluir:

"*Quiero despertar a las niñas todas las mañanas y acostarlas todas las noches*".

"*Quiero dejar de darle tanta importancia al dinero. No es la clase de vida que quiero recordar dentro de veinte años*".

"*Aún quiero trabajar. Así soy yo. Pero mi trabajo no me puede controlar*".

"*Adoro la casa en que vivimos*".

"*No quiero valer solo por lo que gano*".

Hoy, Jackie se ríe al recordar la experiencia. "Imagínese, una ejecutiva como yo que dirige una empresa, atiende clientes, desarrolla al personal, no tenía ni idea de sus verdaderos valores. Con seguridad no estaba viviendo de acuerdo a ellos. Esa noche me di cuenta de que había vendido el alma".

A Jackie le tomó seis meses planear su retiro de la compañía, entrenar a un sucesor y conseguir un trabajo nuevo y más flexible. La semana antes de su salida de la empresa, preparó una serie de diapositivas para explicar su decisión 10-10-10 a los empleados a su cargo. "Quería que supieran que lo que estaba haciendo no era arbitrario", me dijo. "Estaba tomando esa decisión en base a mis valores".

Actualmente, Jackie trabaja cuarenta horas a la semana en una entidad sin ánimo de lucro, cerca de su casa. Prepara el desayuno y la cena para sus hijas y asiste a todas sus actividades deportivas.

Eso no quiere decir que ahora la vida de Jackie sea perfecta. Con su nuevo trabajo, Jackie aceptó reducir sus ingresos y su familia ha tenido que recortar algunos de sus gastos adicionales. Jackie reconoce que a veces extraña el reto y el ritmo veloz del mundo corporativo.

¿Pero volvería?

Por nada del mundo. Por fin es dueña de su alma... y de su vida.

EL TIEMPO PUEDE HACERME CAMBIAR

Los valores de Jackie evolucionaron de la mano con las circunstancias y ciertamente eso no es raro. Todos conocemos a algún reconocido y feroz amante de las fiestas que, al ver la primera sonrisa de su bebé, se haya convertido en la clase de padre dedicado que no soñaría con salir un sábado en la noche. Y todos hemos visto cómo nuestros propios valores se ajustan debido a experiencias significativas —como la muerte de un padre, un divorcio o un nuevo empleo— que nos abren los ojos a lo que podemos lograr con solo intentarlo.

Además de ayudarnos a identificar nuestros valores, una de las grandes ventajas del 10-10-10 es que el proceso a menudo nos revela *cómo* y *por qué* nuestros valores han cambiado, sin mencionar que también nos facilita explicárselo a los afectados.

Melanie, una editora a quien conocí hace poco en una fiesta, fue criada en un hogar de músicos. Sus padres tocaban violín en una orquesta de la ciudad y su hermano, quien creció tocando el piano a nivel competitivo, es ahora director de una orquesta en Europa. El instrumento de Melanie era la flauta; aunque abandonó su práctica diaria después del nacimiento de su hijo, ella nunca dejó de amar y admirar la elegancia de la música clásica. Su hijo Ian parecía haber heredado su devoción y a los siete años ya interpretaba a Mozart y a Brahms en el chelo.

Pero cuando Ian cumplió once años, le pidió a Melanie una batería. El pedido desencadenó una batalla de un año en la que Ian suplicaba y Melanie se negaba a ceder.

Después de nuestra reunión, sin embargo, Melanie decidió aplicar el 10-10-10 a la pregunta de si debería comprarle una batería a Ian para su próximo cumpleaños. Su primer paso fue tomarle rápidamente el pulso a sus valores.

Durante toda su vida, Melanie había desdeñado la música moderna. Pero se preguntaba ¿por qué estaba siendo tan rígida? ¿Qué daño podría causar si cediera un poco para acomodarse a necesidades y circunstancias cambiantes?

Con esa pregunta, el 10-10-10 de Melanie fluyó rápidamente.

En el escenario de 10 minutos, modificar su valor "música clásica" a "todo tipo de música" —o incluso cambiarlo por "hallar a través de la música puntos de acercamiento con Ian"— significaba que su hijo podría experimentar la música como ella lo hacía: con pasión. Y lo mismo sería en los panoramas de 10 meses y 10 años.

En cambio, si Melanie se aferraba a su viejo valor podría alejar a Ian de la música —y de ella— por un tiempo indefinido.

Para el cumpleaños de Ian, Melanie lo sorprendió no solamente con la batería sino también con clases de batería. Para explicarle sus motivos, Melanie le mostró el recorrido por su decisión 10-10-10. "Esa fue la mejor parte", me dijo. "Se reestableció el vínculo entre nosotros".

Igualmente importante fue el descubrimiento de Melanie de un nuevo valor: reconocer, respetar y disfrutar los auténticos intereses de su hijo.

EN BÚSQUEDA DE VALORES

Sin embargo, no hay que esperar a tener un dilema para descubrir nuestros valores o cómo estos están cambiando. Para hacer una valoración rápida, puede pedir ayuda a sus amigos y familiares. Al fin y al cabo, ellos lo han visto actuar por años y en el transcurso del tiempo su conducta seguramente les ha mostrado quién es usted y qué le interesa.

También he descubierto que el "Cuestionario Proust"

(fácilmente disponible), creado hace más de un siglo por el francés Marcel Proust, incluye una serie de preguntas excelentes para descubrir valores que van desde "¿Cuál es su virtud favorita?", pasando por "¿Cuál es su lema?", hasta "Si usted no fuera quien es, ¿quién quisiera ser?". Pero mis favoritas son "¿Cuál es su idea de la felicidad?" y "¿Cuál es su idea de la miseria?". Si respondemos honesta y abiertamente, estas dos sencillas preguntas pueden revelar mucho sobre nuestras creencias, aspiraciones y sueños.

Existe también mi propio "cuestionario" de valores, que desarrollé hace unos cinco años tras encontrar que para muchos practicantes del 10-10-10 era bastante fácil identificar las alternativas y consecuencias de sus decisiones, pero se quedaban totalmente atascados en el crítico asunto de sus valores.

La primera pregunta de mi cuestionario tiene que ver con nuestro legado: *"¿Qué lo haría llorar cuando cumpla setenta años?"*.

Me he dado cuenta de que esta pregunta a menudo llega directo al corazón de las más profundas aspiraciones de la persona; revela el tamaño y la forma de la huella que queremos dejar. Tengo un amigo, por ejemplo, que se tomó menos de un segundo para responder: "Saber que mi obituario no aparecerá en la primera página del *New York Times*. ¡Eso me mataría de inmediato!". Él se reía, pero a medida que conversamos, me enteré de que el mayor objetivo de su vida era alcanzar una riqueza y renombre comparables a los de su padrastro. También me explicó por qué estaba tan frustrado con su vida actual, desempeñando un cargo en relaciones públicas bien remunerado pero de bajo prestigio. Estaba viviendo una desconexión entre sus sueños y la realidad.

La situación fue distinta para Shelley, a quien conocí hace unos años en San Luis donde estaba dando una conferencia sobre el 10-10-10. En la época en que luchaba con la duda sobre si debía divorciarse o no de su esposo alcohólico, Shelley respondió así a la pregunta del cumpleaños: "No estar rodeada de toda mi familia, todos unidos porque habíamos vencido el temporal". Cuando le pregunté qué indicaba esa respuesta sobre sus valores, ella empezó a reflexionar sobre su accidentada niñez y su tristeza por el distanciamiento que sentía de sus hermanos adultos. Al terminar nuestra conversación, Shelley hablaba de la "estabilidad familiar" como uno de sus valores y de la "perseverancia" como otro.

La segunda pregunta del cuestionario tiene que ver con el carácter: "*¿Qué quiero que la gente diga de mí cuando no estoy presente?*".

Para esta pregunta he oído todo tipo de respuestas, desde "Que dirijo una gran empresa porque soy inteligente y justo", pasando por "Que he criado unos hijos maravillosos", hasta "Que soy honesto y amable, pero no ingenuo". Pero la respuesta que más he recordado durante años fue la de Morgan, una mujer de unos cuarenta años que había sido bailarina en Las Vegas. "No me importa en lo más mínimo", dijo con una amplia sonrisa.

Morgan tenía veintidós años cuando se enamoró del administrador de un casino, un hombre treinta años mayor que ella. Tuvieron una hija pero se separaron al poco tiempo y Morgan decidió reiniciar su vida en Nueva York, donde consiguió trabajo como modelo y guía turística. Posteriormente, con sus modestos ahorros, ella y su hija se mudaron a París, después a Praga, luego a Madrid, viviendo aventuras y sosteniéndose con pequeños trabajos dondequiera que fueran. Ahora que su hija finalmente es mayor de edad e independiente, Morgan está persiguiendo una nueva meta: escribir guiones cinematográficos en Los Ángeles.

"Creo que soy bastante intrépida", me dijo cuando nos pusimos a hablar con más profundidad. "Amo la libertad y la independencia; me permiten seguir creciendo. Algunas personas valoran lo convencional; piensan que ser constantes es bueno para sus hijos. Pienso exactamente lo contrario. El cambio fortalece a las personas". Morgan vivió una vida coherente con sus ideas.

La pregunta final de mi cuestionario tiene que ver con el estilo de vida: "*¿Qué ama de la forma en como viven sus padres y qué detesta?*".

¿Recuerda el lector a Paula, la madre a cuyo hijo Hooper le diagnosticaron depresión? Cuando le hice esta pregunta del cuestionario, ella, pensativa, se tomó un minuto antes de responder. "Bueno, hay mucho silencio en la casa de mis padres", respondió finalmente. "Eso no me gusta. No se dice mucho. Mi padre no es dado a hablar de sentimientos". Cuando le insistí en que identificara algo que amara, su rostro se iluminó. "Mi madre es una cocinera maravillosa. Le demuestra su amor a todos a través de la comida".

Por medio del 10-10-10, Paula pudo traducir ambas respuestas en valores y acciones. Deseaba un hogar lleno de franqueza, diálogo y afecto. Conseguir la ayuda médica que Hooper necesitaba fue el primer paso importante hacia ese propósito.

CAVAR MÁS PROFUNDO

Las tres preguntas que acabo de describir posiblemente le digan a grandes rasgos lo que usted necesita y desea saber acerca de sus valores; pero si quisiera seguir explorando, también he desarrollado unas preguntas que corresponden específicamente a decisiones con respecto al amor, el trabajo, el ser padres, la amistad y la fe.

Primero, el amor.

Casi todos los dilemas amorosos, según mi experiencia, se reducen a conflictos sobre los valores de la intimidad, el compromiso y el control. Ciertamente, cada relación tiene una dinámica única. Pero cuando las personas se unen, generalmente es porque tienen una visión compartida y realista de cómo funcionará su relación y cuánto apoyo e independencia necesitan como individuos. Cuando las parejas se separan, usualmente es porque sus expectativas y creencias acerca de la relación ya no están alineadas, o porque no lo estuvieron desde un comienzo.

Por eso, cuando se trata de valores respecto al amor, sugiero que se pregunte: En mi relación ideal, ¿cuánto tiempo pasamos juntos? ¿Cuánto de mí mismo guardo para mí y cuánto comparto con mi pareja? ¿Me siento realmente cómodo con una pareja que es diferente a mí o necesito estar con alguien que comparta mis valores? También podría contemplar lo siguiente: ¿Necesito que mi pareja tenga el control o quiero yo ese rol? O ¿Lo que más valoro es un "pacto" equilibrado en el que ambas partes tienen iguales atribuciones?

Recuerde, no hay respuestas correctas o incorrectas a estas preguntas. Su único propósito es ayudarle a evaluar sus valores con verdadera profundidad y sutileza para que pueda aplicarlos significativamente a una decisión 10-10-10.

En lo que respecta a valores relacionados con el trabajo, lo invito a explorar qué tan crucial es éste para su felicidad y bienestar. En este libro ya hemos oído respuestas diversas. Jackie decidió que trabajar era importante para ella pero no lo suficiente como para reemplazar la intimidad con sus hijas, mientras que Lynne decidió que, con el fin de lograr sus sueños, necesitaba (y quería) darle prioridad al trabajo en su vida.

Para efectos de tomar decisiones sensatas, también es útil definir a qué *clase* de trabajo nos queremos dedicar. ¿Nos motiva el dinero, el prestigio, el reto, la flexibilidad o la camaradería? Es tentador, por supuesto, responder afirmativamente a todos los anteriores, pero es muy raro encontrar un trabajo que satisfaga todos los criterios por igual. Para conocer realmente sus valores, usted debe compararlos y establecer prioridades.

Tener un hijo puede ser una tarea complicada, pero los valores subyacentes tienden a girar alrededor de una sola pregunta: ¿Qué necesita un hijo para ser criado bien?.

Las respuestas van desde el amor estricto hasta el amor incondicional, desde mucha actividad hasta un enfoque tranquilo, desde una amplia exposición al mundo hasta una feroz protección del mismo, desde una escuela pública hasta un colegio privado. Tal vez lo más decisivo de todo sea si los hijos necesitan o no padres que estén en casa. El reto es establecer dónde se ubican sus creencias en el espectro de posibilidades.

Lo mismo es aplicable a la amistad; en este punto, evaluar nuestros valores tiene mucho que ver con determinar dónde se ubican nuestras relaciones "voluntarias" en nuestra lista de prioridades. Por ejemplo, un conocido mío que se acerca a los setenta años diría que considera a tres personas como sus amigos. Preferiría pasar su tiempo libre mirando fútbol universitario con sus hijos, jugando a la pelota con sus nietos y comiendo pasta casera con su esposa. La familia le gana a todo lo demás.

A manera de contraste, consideremos el caso de mi antigua niñera Gladys. Nadie ha asistido a más matrimonios y *showers* de bebé, ni ha pasado más tiempo en el teléfono escuchando los problemas y las preocupaciones de otras personas, ni ha dedicado más fines de semana ayudando a otros a mudarse de apartamento que Gladys. Ella se dedica, por encima de todo lo demás en la vida, a ser una buena amiga; tiene un concepto elevado de sí misma que guía sus decisiones, tanto grandes como pequeñas.

En pocas palabras, así es como funcionan los valores.

VIVIR SEGÚN LA PALABRA

Es imposible —y sería equivocado— escribir sobre valores sin reconocer que millones de personas se esfuerzan por vivir de acuerdo con el amplio conjunto de creencias prescritas por su Dios. Como me dijo uno de los asistentes en la conferencia sobre el 10-10-10 que di en Austin: "Su idea sobre los valores es fácil de entender para mí. Tengo la Biblia".

Sin embargo, a veces las personas devotas se sienten un poco más confundidas frente al 10-10-10. Se preguntan: ¿Cómo es posible que el método se pueda conciliar con la religiosidad?.

Mi respuesta proviene de la experiencia y es la siguiente:

Si usted es cristiano como yo, seguramente habrá desarrollado maneras —además de ir a misa— de mantener el contacto con la Palabra de Dios. Tal vez haga trabajo voluntario para quienes no tienen techo. O tal vez practique la jardinería para conservar la humildad. O tal vez ore mientras se para de cabeza durante una clase de yoga.

Puede considerar el 10-10-10 como otro enfoque, como un mecanismo poderoso para asegurarse de estar viviendo según sus valores, sin importar cuál sea su origen.

Por lo general, esa respuesta es suficiente porque he descubierto que la mayoría de los cristianos están acostumbrados a combinar su fe con las exigencias del mundo moderno. Pero si alguien sigue insistiendo sobre la relación entre el 10-10-10 y la fe, hago referencia a Colosenses 3:17. En ese versículo, Jesús nos pide llevar una vida consciente y considerada porque de esa manera estamos a su servicio. Él no nos dice qué hacer en situaciones *específicas:* cómo lidiar con un esposo que parece aburrido, o con el jefe que le pide quedarse hasta tarde, o con el hijo a quien le acaban de diagnosticar una enfermedad mental, o con el amigo que dejó de llamar. Sus enseñanzas nos dicen cómo vivir en general, con premeditación, con verdad y con propósito en cada pensamiento y acción. Si eso no está en concordancia con el 10-10-10, no sé qué lo está.

En el libro Proverbios del Antiguo Testamento, Dios también nos pide vivir con paciencia. Así fue como Ken Shigematsu concibió por primera vez el papel del 10-10-10 en una vida inspirada en la fe. En noviembre de 2006, Ken, líder de la Iglesia de la Avenida Décima de Vancouver, estaba preparando un sermón cuando leyó un artículo que yo había escrito. Esa semana su tema era la ira, más exactamente, cómo podemos manejar nuestra tendencia natural a sentir rabia, resentimiento e incluso cólera. Ken quería que sus fieles entendieran que Dios no nos pide reprimir o negar nuestra ira sino ser pacientes con ella y, dejar en sus manos nuestras acciones.

Pero ¿cómo? En su sermón, Ken le decía a sus fieles que tener perspectiva es uno de los antídotos más poderosos contra la ira y les sugirió el 10-10-10 como proceso para ayudar a obtenerla. Cuando uno se siente herido o lastimado y quiere desahogarse, decía Ken, se debe preguntar: ¿El motivo de mi ira tendrá importancia en

10 días, en 10 meses y en 10 años? ¿Importará en la eternidad?.

Además de Proverbios, Ken deriva el soporte teológico para el 10-10-10 de San Ignacio de Loyola, uno de los principales fundadores de la Orden de los Jesuitas alrededor de 1550. Cuando Ignacio de Loyola tenía treinta y un años escribió un libro llamado *Ejercicios espirituales*, conformado por una serie de reflexiones que buscan profundizar la fe. Una de ellas se refiere a la toma de decisiones; Ignacio de Loyola propone que, cuando surjan los dilemas, es prudente dar un paso atrás y preguntarse: "Si estuviera frente a Jesucristo rindiendo cuentas de mi vida, ¿qué decisión hubiera querido Él que yo tomara?". Una pregunta así, señala Ken, coincide con el 10-10-10 porque induce a tomar decisiones en base al análisis cuidadoso de sus consecuencias a largo plazo, con frecuencia extendiéndolas hasta la eternidad.

Ken continúa utilizando el 10-10-10 para aconsejar a sus feligreses. "Pienso que el 10-10-10 actúa como un gran puente que nos permite poner las cosas en perspectiva, sean ellas desafíos o incluso logros", me dijo el año pasado. "Es difícil para la gente pensar en la eternidad, pero el 10-10-10 les ayuda a hacerlo".

CÓMO LLENAR EL GRAN AGUJERO NEGRO

Hablar del 10-10-10 con gente de todas partes del mundo me ha confirmado la idea de que cada uno de nosotros tiene un conjunto único de valores.

Pero también he aprendido que muy pocos vivimos según dichos valores. Mi amiga Claudia, por ejemplo, permaneció casada con un esposo adúltero durante veintidós años porque no podía soportar hacerle daño a su madre, una católica devota. También luchó contra sus propios valores de convencionalismo y reputación. "Es vergonzoso reconocerlo ahora, pero estaba muy preocupada por lo que dirían las señoras de nuestra iglesia si nos divorciábamos", me dijo.

Finalmente, tras dos años de terapia, el principio de autoestima de Claudia se impuso y decidió dejar a su esposo.

En cuanto a las señoras de la iglesia, Claudia diría que en realidad no pareció importarles. Le ofrecieron palabras de consuelo y después se ocuparon de lo suyo. "Descubrí que nadie realmente se opone cuando uno decide vivir de forma auténtica", me dijo recientemente. "Estuve atrapada demasiado tiempo. Pero me di cuenta de que yo misma me había atrapado".

Hoy en día, Claudia utiliza el 10-10-10 regularmente para asegurarse de que sus decisiones siguen siendo coherentes con sus nuevos valores, que ella describe como "hallar el tiempo para reflexionar todos los días y aprender a confiar nuevamente".

Por encima de todo, Claudia utiliza el 10-10-10 para evitar el Gran Agujero Negro que aparece cuando tenemos una idea de nuestros valores —aunque sea inconsciente— pero no podemos encontrar los medios para vivir de acuerdo a ellos.

Así era yo antes de la revelación que tuve del 10-10-10

en Hawái. Durante esos días tormentosos, ciertamente conocía mis valores; al contrario de lo que había dicho mi compañero de clase, sí me gustaba la diversión. Pero no me gustaba más que el trabajo arduo o la seguridad, valores que aprendí en el regazo de mi abuela siciliana. Casada y divorciada dos veces con el mismo hombre para cuando tenía treinta años, Francesca Pilato crió sola a sus cuatro hijos y los envió a todos a la universidad, libre de deudas, con las ganancias de su propio negocio de diseño de tejidos de punto. Créanme cuando les digo que en la década de los cuarenta, en Rochester, Nueva York, no había muchas mujeres inmigrantes divorciadas que fueran empresarias.

Por su noble ejemplo, los valores de mi Nonna tenían sentido para mí. Mis propias experiencias de vida también me demostraron ampliamente que el sacrificio y la dedicación valen la pena. De hecho, una de las razones por las que hace tantos años me mostré tan incómoda con la invitación a la fiesta que me hizo mi compañero de clase fue que mi jefe había prometido pagar la totalidad de mi matrícula para el segundo año si me graduaba con un determinado promedio académico.

Con el paso del tiempo, sin embargo, desarrollé otro valor más profundo y fuerte que todos los demás. Quería un buen matrimonio.

Y estaba viviendo una mentira.

Así que echaba paladas y paladas y paladas para llenar el Gran Agujero Negro de mi vida. Me dediqué aún más al trabajo. Tuve cuatro hijos en cinco años, y llevé a dos de ellos a Hawái sin razón alguna. Fui anfitriona de parrilladas en el vecindario. Enseñé en la escuela dominical. Visitaba a mis padres una vez a la semana. Tenía una perra, pero no cualquier perra; era un mastín de 75 kilos. Mantenía una lista de pendientes bajo la almohada y me despertaba a las cinco de la mañana para agregar cosas que había olvidado.

Cuando mis amigos y familiares me decían que bajara el ritmo y dejara de ser tan dura conmigo misma, respondía con el cómico refrán: "Las mujeres desesperadas hacen cosas desesperadas". Pero en el fondo mi conducta no era para reírse. Mi viaje a Hawái fue prueba contundente de que la desconexión con mis valores era una tragedia anunciada.

El 10-10-10 me forzó —sí, me obligó— a empezar a tomar cada decisión según mis verdaderas creencias.

Una vez que lo hice, casi todo cambió. Mi esposo y yo nos divorciamos. También empecé a resolver, con éxito renovado, los conflictos entre mis responsabilidades laborales y familiares. El resultado fue que mi vida empezó a ser lo que yo quería, no una semblanza de ello. Mis decisiones finalmente empezaron a tener sentido para todos, en especial para mí.

Incluso empecé a destinar tiempo para mi propia versión de la diversión. Asistí a mi primer concierto en doce años, un concierto de U2, y estaba tan llena de felicidad cuando la banda interpretó "If You Wear That Velvet Dress" que salí volando del asiento sobre el cual estaba parada. Sembré plantas nuevas en el jardín y convencí a los niños de que me ayudaran a plantar y cosechar. Todas las noches apartaba el tiempo para llevar los 75 kilos de mi perra en un largo paseo por el bosque. Abby no se detenía a oler las rosas pero olfateaba los hongos, las ramas, las piedras. Se detenía a olfatear a otros perros, a ladrarle fortuitamente a los carros y, con frecuencia, solo a mirarme como diciendo: "¿Cómo va todo, chica? ¿Estás dando la pelea?". Ahora Abby está en el cielo canino, pero aún le agradezco su lección duradera de saber llevar las cosas con calma. Hoy en día, eso también lo valoro.

En los próximos capítulos, usted conocerá muchos más usuarios del 10-10-10. Todos ellos toman sus decisiones en base a sus valores individuales y al hacerlo, experimentan la dicha de vivir con autenticidad.

CAPÍTULO CUATRO

Y vivieron por siempre felices

El 10-10-10 y el código del amor

Poco tiempo después de mi divorcio, desarrollé un nuevo hábito para los domingos por la mañana. Tan pronto como los niños y yo regresábamos de la iglesia, me servía una taza de té, extendía sobre el mesón de la cocina la sección de Estilo del *New York Times* y leía los avisos matrimoniales, todos y cada uno de ellos.

Los niños hacían su mejor esfuerzo por ignorarme durante esta actividad, pero un día, Eve, que en ese tiempo tenía seis años, no pudo resistir más.

"¿Por qué sigues haciendo algo que te pone tan triste?", me reclamó, mirándome desde abajo con sus pequeñas manos en la cintura.

"No estoy triste", le dije sorprendida porque realmente no lo estaba. "Solo tengo curiosidad".

Señalé con la mano el mar de fotografías de parejas sonrientes. "Mira todos estos comienzos felices", dije.

"Algunos funcionarán pero otros seguramente fracasarán".

Eve asintió solemnemente, como si supiera de lo que le hablaba.

"Tal vez estoy buscando pistas", comenté.

Eve asintió de nuevo. Parecía estar silenciosamente de acuerdo en que era una investigación razonable, dadas las nuevas circunstancias de nuestra vida.

Ha pasado casi una década desde entonces. Ahora tomo café helado, Eve está más alta que yo y ya no busco en el periódico el secreto de la eterna felicidad. El logro más importante de mi vida es que finalmente la estoy viviendo.

Todo se debe a una teoría que rompe con los códigos del amor, a una mujer llamada Lulu, a una iluminación en la cima de una montaña, a un gran hombre, a un 10-10-10 instantáneo y a un paquete de chicle de uva comprado, por cierto, por ese mismo gran hombre, mi Jack, en un pueblo de pescadores en la zona de Cape Cod.

Se requieren muchas cosas para que el amor funcione. Puede ser una locura. Puede parecer imposible. Puede causar heridas más profundas o llevarnos a cumbres más altas de felicidad que cualquier otra cosa.

En otras palabras, no voy a decir que el 10-10-10 hace que el amor sea fácil.

Pero sí diré que el 10-10-10 puede ayudar a forjar relaciones saludables. Las puede revitalizar; las puede apartar del borde del precipicio y hacer que sean más felices, mejores y más sólidas en todas las formas.

Ya he dicho que las relaciones solo pueden ser exitosas cuando las partes involucradas comparten los mismos valores, o al menos respetan los valores de su pareja. Pero quiero —yo, Suzy Welch, ¡doctora corazón!— plantear otra hipótesis: Es más probable que las relaciones perduren cuando ambas partes tienen la posibilidad de hablar abiertamente de tres aspectos claves del amor: la intimidad, el compromiso y el control.

El 10-10-10 transforma las relaciones porque se ajusta exactamente a esa dinámica. Al revelar los valores, el 10-10-10 le da a una de las partes, o a las dos, la oportunidad de contemplar el *momentum*, la química, la inercia, la independencia, la concordancia, la tradición o lo que sea que los mantiene unidos o los está separando. La metodología puede intervenir en cualquier etapa del ciclo del amor, dándole a una o a ambas partes un marco para entender lo que es duradero en la relación y lo que puede no serlo.

DE IDA Y VUELTA AL PRECIPICIO

Hace como tres años recibí una llamada de Ajitha, una antigua alumna mía de la escuela de negocios. Quería saber si yo disponía de tiempo a la hora del almuerzo para hablar con ella. Suponiendo que la charla sería sobre un tema profesional, acepté y después no volví a pensar mucho en nuestra reunión. Pero una semana más tarde, cuando me encontré frente a frente con Ajitha en un restaurante, su actitud habitual y su confianza en sí misma se veían debilitadas por una vulnerabilidad que nunca antes había visto en ella.

"Rohan y yo estábamos justamente en ese punto sin vuelta atrás", me dijo inesperadamente. "Pero debes saber que con tu idea, con el 10-10-10, volvimos".

Ajitha era una ingeniera brillante que había emigrado a Estados Unidos a los veintidós años. Pasó sus primeros años en este país haciendo estudios en ese campo, pero en la época en que la conocí en las aulas había sido reclutada por una prestigiosa empresa de tecnología y estaba haciendo su MBA de noche.

Ajitha siempre me había parecido una persona seria y decidida. Pero en el desarrollo de nuestra conversación vine a descubrir que su comportamiento ocultaba otra faceta: le encantaba divertirse.

"Me gusta tener una vida social" fue la manera como me lo explicó ese día durante el almuerzo. "Amo la libertad y la camaradería. ¿Qué es la vida sin amigos?"

Durante los primeros cinco años de su matrimonio, la afición de Ajitha por las reuniones sociales después del trabajo nunca fue un problema para Rohan, también ingeniero. Él amaba el buen corazón de Ajitha, respetaba su intelecto y valoraba su temple. A veces la acompañaba cuando ella salía, pero la mayoría de las veces no lo hacía.

Luego nació Laya, hija de la pareja. Inicialmente la reacción de Ajitha fue reducir las salidas nocturnas de cinco a dos o tres. Su madre, que vivía cerca, pudo ayudar con los cuidados de Laya. Pero para Rohan esa solución no era suficiente. Empezó a pedirle a Ajitha que no saliera por el bien de la familia.

Ajitha no entendía; Laya era perfectamente feliz con su abuela y si ella dejaba de salir con sus amigos, empezaría a sentir que el equilibrio de su vida se alteraría. "¿Por qué estás tratando de controlarme?", le reclamó. "¿Por qué no puedo tener tiempo para mí?"

Al cabo de un año, los roces entre Ajitha y Rohan se habían agudizado y se habían convertido en una guerra silenciosa. Dialogaban cada vez menos. Se dividieron las tareas que solían hacer juntos, como bañar a Laya y salir de compras al supermercado. En sus momentos a solas, ambos empezaron a pensar en el divorcio.

Por el bien de Laya, siguieron adelante.

Pero toda relación tiene su momento de crisis, y la de Ajitha y Rohan finalmente estalló cuando ella le avisó que se iba tres días con sus compañeros de la maestría a un paseo de esquí. "No puedes hacer eso, Ajitha", gritó él. "Tres días es demasiado. ¿Cómo puede ser más importante un paseo de esquí que nuestro matrimonio y nuestra bebé?"

En la exaltación del momento, Ajitha no le prestó atención a Rohan pero lo cierto es que su pregunta era demasiado perturbadora para ignorarla. Esa noche, después de acostar a Laya, Ajitha subió a su estudio en el ático y cerró la puerta. Se sentó en el escritorio con tres hojas de papel enfrente y una pregunta en la mente. ¿Se iría o se quedaría en casa? En su corazón, sin embargo, Ajitha sabía que se estaba enfrentando a asuntos más importantes: su matrimonio, su identidad y su futuro estaban en juego.

Rotuló la primera hoja "Diez minutos".

Las anotaciones fluyeron rápidamente. "Ajitha = triste", escribió. Si no se iba de paseo se sentiría muy mal por perderse un momento de diversión con sus amigos. Pero si lo hacía, de todas formas probablemente tendría demasiados sentimientos encontrados como para llevar una vida social con su habitual desenfreno.

Acto seguido, Ajitha imaginó como reaccionaría Rohan al irse ella de paseo. "Rohan = triste + decidido. Lo nuestro no va más", escribió.

¿Y si no se iba de paseo?

"Rohan = aliviado, confundido, optimista", predijo.

Ajitha marcó su segunda hoja de papel con "Diez meses", pero esta vez la ecuación "Ajitha =" se demoró. Miró el espacio en blanco por cinco minutos, luego diez, mientras pasaban por su mente varias imágenes. Una era la de ella y Rohan sentados frente a la mesa del comedor cogidos de la mano, como solían hacerlo; otra, la de los dos bañando juntos a Laya, conversando sobre los dedos de sus pies y su cabello y los sonidos que hacía, como en los viejos tiempos. Con seguridad, si ella elegía quedarse en casa y siguiera tomando decisiones similares sobre la manera como distribuía su tiempo, en diez meses ella y Rohan habrían empezado a reconstruir los cimientos que ahora se estaban desmoronando.

En el espacio junto a su nombre, Ajitha escribió las palabras "Reconectándome. Mejor".

"Sabía que Rohan no quería que me dejara de divertir", me dijo Ajitha. "Solo deseaba que estuviera en casa un poco más. Si yo pudiera ceder una o dos veces, incluso si encontráramos una solución intermedia, él se sentiría feliz y nuestra vida volvería a la normalidad".

¿Y si se iba de paseo? Ajitha no estaba totalmente segura, pero en diez meses el otro lado de su ecuación muy probablemente diría "Sola".

Ajitha marcó su tercera hoja con "Diez años" y anotó "Ajitha = satisfecha".

La ecuación me sorprendió. "¿Por qué no 'feliz' o algo más alegre?", le pregunté.

"Bueno, estaba tratando de ser realista", respondió Ajitha. "Calculé que en diez años, al mirar al pasado, aun desearía haber podido salir más. Pero también tenía la certeza de que diría 'Valió la pena. Mi matrimonio valió la pena'. Dejé algo de lado y los dos obtuvimos algo mejor a cambio".

"¿Hiciste del bienestar de tu matrimonio algo más importante que tu felicidad personal?", pregunté.

"Sí", respondió con sencillez, "y eso se lo debo al 10-10-10".

Ajitha y Rohan celebraron recientemente su décimo aniversario matrimonial con unas vacaciones solos; fueron a esquiar. Ajitha me dice que están pensando tener otro hijo y juntos le han hecho un análisis 10-10-10 a la decisión. "Pero aún no hemos decidido", dice. "Aún estamos intentando pensar en el impacto a largo plazo en nuestras carreras. Necesitamos más tiempo para discutirlo a fondo".

UNA TEORÍA QUE ROMPE CON LOS CÓDIGOS

Lo que más me agradó de la conversación con Ajitha fue su uso reiterado de la palabra "nosotros". Me hizo caer en la cuenta de lo efectivo que había sido el 10-10-10 para sincronizar a la pareja y brindarles un método disciplinado y desapasionado para hablar sobre la fusión de sus valores.

El 10-10-10 había hecho de su relación algo más grande que la suma de los dos.

Así es como se ve el amor en las relaciones más exitosas, ¿verdad? Parece que ambas partes se aman como individuos, pero aman su amor aún más. Lo exaltan. Lo celebran. Hablan de él como si fuera una tercera fuerza presente, creada por su compromiso conjunto. Lo veneran y en forma rutinaria y voluntaria se sacrifican por él.

Quisiera poder citar esta teoría de la "tercera fuerza" que rompe con los códigos como una idea originalmente mía. Pero de hecho ha sido tomada de *El buen matrimonio*, un libro de la doctora Judith S. Wallerstein, psicóloga familiar, y Sandra Blakeslee, redactora de temas científicos del *New York Times*. Durante la década del noventa, Wallerstein y Blakeslee estudiaron cincuenta matrimonios exitosos y observaron que, en prácticamente todos los casos, los cónyuges hablaban de su unión como un ente precioso e independiente que merece respeto y alimento. En los buenos matrimonios, concluyen las autoras, ambas partes valoran su identidad conjunta más que su individualidad.

Finalmente, ese es el destino al cual el 10-10-10 condujo a Ajitha.

ASÍ ERAMOS

La partida de un hijo, no la llegada de uno, generó la crisis de Jillian con su esposo Mike, un exitoso hombre de negocios que alguna vez había sido el amor de su vida, pero que había llegado a convertirse en un extraño viviendo bajo el mismo techo. Durante años, la pareja había acordado en silencio ignorar las barreras que existían entre ellos, pero cuando su hijo menor se marchó a la universidad, la tregua llegó a su fin.

"De repente", recuerda Jillian, "me di cuenta de que tenía una casa muy limpia y casi nada más".

Según ella, Mike nunca había sido hostil, solo había estado ausente emocionalmente. También estaba ausente físicamente y a menudo Jill se preguntaba si él prolongaba intencionalmente sus viajes de negocios para evitar la silenciosa incomodidad en casa.

"Cuando Mike se casó conmigo, yo era una artista despreocupada. Nuestra historia consistía en que éramos perfectos el uno para el otro porque había un equilibrio entre los dos", recordó Jillian. "Pasábamos largos fines de semana navegando o acampando; siempre preparábamos la cena juntos. Él asistía a mis exposiciones. Pero al cambiar Mike, yo también lo hice. Él logró un éxito enorme, estruendoso, en su empresa. Yo me convertí en ama de casa. A veces pienso que sencillamente lo aburría".

Pero cuando Jillian le dijo a Mike que quería revitalizar su espíritu volviendo a pintar, él se burló de la idea. "Olvídalo, Jillian", dijo. "Esos días ya pasaron".

Abatida y confundida, Jillian le pidió a Mike que asistieran juntos a una terapia de pareja. Él aceptó ir, una vez.

Sin embargo, la primera sesión despertó el interés de Mike en gran parte porque percibió que la terapeuta no tenía una agenda oculta. En su lugar les presentó el 10-10-10 como una manera imparcial de descubrir si aún existían cosas en común en su matrimonio.

Como primer paso, la terapeuta les pidió a Jillian y a Mike que definieran sus valores. "Lo de costumbre", fue la respuesta rápida de Mike. "Independencia financiera. Que mis hijos sean exitosos en el mundo. El respeto por las personas que trabajan para mí".

"¿Y qué hay con nuestro matrimonio? ¿En dónde aparece en tu lista, Mike?", preguntó Jillian, incrédula. "Ese es mi valor principal. Nuestro matrimonio y nuestra familia", añadió.

"No hay un matrimonio, Jill, y eso lo sabes", respondió Mike categóricamente.

Durante las siguientes semanas, la pareja trabajó con su terapeuta para imaginar sus mundos estando separados y estando juntos. Las sesiones se caracterizaban por un silencio alternado con amargura y el divorcio parecía inevitable, en especial cuando Mike reconoció delante de Jillian algo que ella había sospechado durante mucho tiempo: él le había sido infiel mientras viajaba.

Pero se produjo un punto de quiebre cuando la terapeuta hizo un comentario contundente.

"Ambos amaban su relación inicial", les dijo. "Hablan de ella como si fuera un amigo íntimo que murió. ¿Qué se necesitaría para crear una nueva versión de su antiguo matrimonio?"

De inmediato Jillian y Mike empezaron a usar el 10-10-10 para lanzar ideas sobre cómo resucitar el matrimonio gratificante que habían tenido durante la primera década. Y con la misma rapidez, se dieron cuenta de que la reinvención exigía un gran cambio. Jillian tendría que empezar a acompañar a Mike en sus viajes de negocios. Mike tendría que aceptar la idea del regreso de Jillian a la pintura. Y la pareja tendría que superar un sinnúmero de obstáculos emocionales con el fin de volverse a encontrar en la cama.

En esencia, tendrían que darle prioridad a su matrimonio por encima de todo lo demás.

Para Mike, la principal motivación para intentar el plan eran sus hijos; creía que les debía al menos un esfuerzo serio para salvar el hogar. Mike sentía que, en cierto modo, aún amaba a Jillian o al menos a la mujer que ella era. Para Jillian, la motivación era más romántica. Adoraba a Mike, aún sentía una fuerte atracción por él y anhelaba reavivar la satisfactoria camaradería de sus primeros años.

Habían pasado unos seis meses desde aquella decisión cuando me puse en contacto con Jillian. Por su voz enseguida me di cuenta de que las cosas iban bien. Ella y Mike se sentían tan optimistas sobre su futuro que "no pasa un día en que no le apliquemos el 10-10-10 a lo que estamos haciendo", me dijo. "Siempre pensamos, ¿cómo afectará nuestro matrimonio esta decisión en el corto, mediano y largo plazo? Es como un GPS; nos mantiene encaminados".

Me encanta esa imagen del 10-10-10 como herramienta para prevenir que las parejas se pierdan, pues aun en las relaciones más felices es muy fácil dar el giro equivocado.

HIJA Y ESPOSA

Cuando Nancy y Carl se conocieron en 1987, ella tenía treinta y seis años; trabajaba como coordinadora de historias clínicas, se había divorciado, había enviudado una vez y tenía un hijo adolescente de su primer matrimonio. Nancy era muy autosuficiente; creía que lo único que podía salir mal en su vida era que otro hombre entrara en escena. Carl, de la misma edad, se estaba recuperando de un divorcio; se describía a sí mismo, abiertamente, como un soltero empedernido. Pero después de conocer por accidente a Nancy en un torneo de dardos en un bar del barrio, cambió de parecer.

Dos semanas más tarde, en su primera salida, Carl le pidió a Nancy que se casara con él.

"¿Tienes alguna deuda bancaria que necesitas pagar o algún hijo al que no puedes mantener?", le respondió ella en chiste.

"No, simplemente soy un hombre afortunado que al fin encontró a la mujer de su vida", fue la respuesta firme de Carl.

Los primeros doce años de la vida matrimonial de Nancy y Carl fueron poco menos que gloriosos. A veces Nancy se despertaba a media noche y veía a Carl observándola, maravillado. Ella le devolvía una sonrisa también de asombro.

"Estaba segura de tener el matrimonio más feliz del mundo", me dijo Nancy.

Entonces, a Virginia, la madre de Nancy que vivía en el primer piso de su casa de dos plantas, le diagnosticaron mal de Parkinson con demencia senil. Tanto Nancy como Carl estaban ansiosos de brindarle cuidados y atenciones, pero a medida que Virginia perdía su capacidad de alimentarse y bañarse, la responsabilidad empezó a desgastar física y emocionalmente a la pareja.

Al cabo de cinco largos años, Nancy aceptó a regañadientes ingresar a su madre en un geriátrico. Para aliviar su sentimiento de culpa, decidió visitarla todos los días después del trabajo.

No es sorprendente que la rutina haya dejado a Nancy más agotada que nunca. Su trabajo en el hospital había aumentado y la mayoría de los días no alcanzaba a llegar al geriátrico antes de las siete u ocho de la tarde. Cuando finalmente llegaba a casa por la noche, lo único que quería era descansar. Carl era paciente pero tenía sus límites y la relación entre ellos se puso muy tensa en temas que ninguno de los dos jamás había imaginado.

"No puedo creer que otro matrimonio mío se vaya a pique", pensaba Nancy desesperada.

Una noche en que, en medio de lágrimas de frustración, conducía a casa después de visitar a su madre, Nancy recordó haber leído algo sobre el 10-10-10. De repente, al preguntarse qué pasaría si intentaba mirar más allá de su sentido de responsabilidad y abría su mente a otras opciones, decidió proponerle el proceso a Carl.

Unas horas más tarde, los dos utilizaron el 10-10-10 para decidir si Nancy debía continuar visitando a su madre todos los días. Para el ejercicio, omitieron el uso de papel y lápiz y se sentaron uno al lado del otro en el sofá de la sala, agarrados de la mano.

Su primer diez salió rápidamente y les mostró un panorama mezclado. "Me sentiré mejor y me sentiré peor", le dijo Nancy a Carl con tono de lamento. "Le tengo mucho miedo al sentimiento de culpa, pero al mismo tiempo... ya no aguanto más. Necesito un descanso. Estoy agotada. Te extraño, Carl".

"También te extraño, mi amor", le dijo Carl.

"En cuanto a mamá, creo que en un lapso de diez minutos ella se enojará muchísimo", Nancy agregó. "Me va a odiar".

"Virginia ya no es Virginia", le recordó Carl con delicadeza. "Nancy, has sido la hija perfecta durante cincuenta y siete años".

"En un lapso de diez meses, estoy segura de que otros familiares la visitarán un poco más", dijo Nancy esperanzada. "Dios sabe que han ofrecido hacerlo. Y si visitan a mamá, yo no tendré que hacerlo tanto. Tal vez así podamos empezar a recuperar nuestra vida".

"Y en diez meses, tu madre se habrá acostumbrado a otras visitas, si es que se da cuenta", interpeló Carl.

Pero había algo que todavía molestaba a Nancy.

"Hablemos de los diez años", le dijo a Carl. "Cuando mamá se haya ido, querré sentirme bien conmigo misma en mi papel de hija. No quiero pensar que estuve ahí solo cuando fue necesario".

Carl dejó que Nancy pensara en silencio por un largo rato. Después ella lo sorprendió.

En diez años, pensó Nancy en voz alta, querría mirar atrás y pensar no solo "hice lo correcto con mamá" sino también "hice lo correcto con mi esposo". Como centro de su vida, quería un matrimonio duradero, un matrimonio que fuera más que la suma de sus partes.

"Te amo, Carl", dijo Nancy con repentina firmeza. "Tú *eres* mi vida. No sé por qué pienso en mí solo como hija cuando también soy esposa".

Al día siguiente, Nancy no visitó a su madre. Tampoco lo hizo durante los tres días siguientes. Cuando por fin fue a verla, Virginia la saludó como si nada hubiera cambiado. Nancy le leyó el periódico y por casi una hora las dos conversaron del clima, de unos vecinos que Virginia parecía recordar y de los ires y venires del hijo de Nancy y su nueva esposa. Al despedirse, Nancy dijo suavemente: "Te amo, mamá".

"Yo también te amo", respondió su madre.

No hace mucho me encontré con Nancy. Ella, Carl y otros familiares estaban preparando, como todos los años, sus canastas navideñas con dulces y chocolates. Por el animado cotorreo de fondo, pude percibir que la vida de la pareja realmente se había reestablecido.

"Habíamos relegado nuestro matrimonio, pero ya no es así", me dijo Nancy cuando le pregunté si mi suposición era correcta. Entonces, como para cerrar la frase, soltó una risa cariñosa. "Mi amor, por favor", le escuché decir. "¡Saca los dedos del chocolate!"

LA DANZA DE APAREAMIENTO

No quiero crear la impresión de que el 10-10-10 es relevante solo para matrimonios ya establecidos. Con igual frecuencia lo he visto jugar un papel constructivo en la creación y el desarrollo de nuevas relaciones. Al fin y al cabo, el inicio de toda relación siempre es una mezcla muy compleja de dinámicas. Primero viene la seducción, es decir, el "Oye, observa lo mejor de mí", etapa en la cual ambos compañeros en potencia gastan mucha energía haciendo alarde de sus cualidades, de la misma forma que los pavos reales al desplegar el plumaje de su cola. Después viene la etapa de investigación, en la cual intentamos dilucidar qué de "lo mejor" es real y qué no. Las primeras fases del amor también incluyen un elemento de imaginación, en el que las dos personas visualizan en qué podría convertirse la relación y, con igual importancia, piensan cómo podrían reaccionar a ella sus amigos y familiares. Por último viene la negociación; en esta fase se debaten, se ponen a prueba y finalmente se definen los atributos de la relación: los patrones, el grado de intimidad, la solidez del compromiso y el equilibrio del control.

No en vano se llama la danza del apareamiento.

No quiero sonar como maestra de escuela retrógrada al respecto. Los primeros acercamientos, coqueteos, alardes y constataciones por las que pasan la mayoría de las parejas pueden ser increíblemente divertidos y estimulantes. Pero aun con toda la emoción que produce, la danza del apareamiento también tiene sus desventajas. Con mucha frecuencia se trata más que todo de adoptar posturas y maniobrar; hay poco pensamiento lógico o análisis de valores involucrados. Nada puede superar por completo la exaltación y la agitación, pero en el proceso de conocerse, el 10-10-10 puede ayudar a que las dos partes se mantengan centradas.

EMPEZAR DE NUEVO, EN EL CIBERESPACIO

Heidi, hija de una pareja de poetas bohemios que recorrieron el Medio Oriente, conoció su primer hogar verdadero a los trece años cuando su padre consiguió un empleo como profesor en una universidad de artes liberales. Pero su tranquilidad no duró. Dos años más tarde, su madre murió de cáncer de seno y su padre, abatido, renunció a su trabajo y de nuevo se llevó a Heidi de viaje.

Cuando cumplió dieciocho años, Heidi conoció a un transportador de petróleo llamado Jerome. Después de un corto noviazgo, se casaron y se instalaron en un apartamento en un sótano en las afueras de San Luis.

Sus primeros años fueron muy felices, pero con el tiempo, el comportamiento de Jerome comenzó a ser errático. Unos días parecía estar aturdido, en otros le gritaba a Heidi ante la menor provocación. Por un tiempo, Heidi sospechó que Jerome se sentía atrapado en el matrimonio. Pero después de dos años de esperar en vano a que los momentos de "mal humor" de Jerome pasaran, la pareja buscó la opinión de un médico. El diagnóstico fue adrenoleucodistrofia, una enfermedad neurológica hereditaria que generalmente ataca durante la infancia, pero en casos raros también afecta a los adultos. Jerome murió al cabo de siete años muy difíciles.

Después de unos meses, Heidi decidió empezar de nuevo y se mudó a una pequeña ciudad al otro lado del estado donde había conseguido un empleo como maestra de escuela pública en una secundaria. Enseguida se dio cuenta de que amaba el trabajo, pero al finalizar cada día aún sentía soledad y aislamiento. ¿En dónde podría encontrar amigos? ¿Cómo podría conocer a alguien? Por ser una persona bien conocida en un pueblo aburrido donde había pocos hombres solteros, pensaba Heidi, realmente no podía salir con nadie de la comunidad.

Una noche se puso a navegar por Internet en busca de pareja. Como la mayoría de los principiantes en este asunto, la posibilidad intrigaba y a la vez repugnaba a Heidi. "No lo puedo hacer", se decía.

Pero, ¿podría?

Heidi había pasado toda su vida mudándose de un sitio a otro, sintiéndose sola y luchando contra la adversidad. Ahora, como viuda a los veintisiete años, anhelaba tener una pareja verdadera, alguien con quien pudiera compartir la intimidad y el compromiso de construir una vida juntos.

Como practicante temprana del 10-10-10, Heidi optó por utilizar la metodología para decidir si debía buscar el amor en Internet.

En un lapso de diez minutos, Heidi se dijo, acordar una cita por Internet sería incómodo, vergonzoso y probablemente improductivo. Seguramente se sentiría rechazada y aun más sola que antes.

En diez meses, ya habría abandonado la búsqueda de compañero por Internet porque no funciona, o habría aprendido a evitar encuentros incómodos. Tal vez incluso le parecería chistoso todo el asunto.

Y en diez años, pensó Heidi, podría estar sola por no haberlo intentado o habría tenido suerte y estaría con un hombre a quien amara. Puesto que no tenía muchas otras opciones, buscar una cita por Internet era demasiado prometedor para dejarlo pasar. Tenía que intentarlo.

Seis meses después, al revisar una cartelera de mensajes para gente que había perdido a sus cónyuges, Heidi conoció a un viudo cuyo nombre virtual era "Ya pasé por eso". Robert tenía cuarenta y cinco años, era obstinado y amable, tenía un hijo adolescente y su pasión era la poesía. Él y Heidi empezaron a enviarse correos electrónicos, después a llamarse, luego a visitarse. En cada encuentro, Heidi se aseguraba de recordar los valores que había descubierto usando el 10-10-10. Quería comunicarse en forma honesta mientras ella y Robert se "investigaban" el uno al otro. Después de haber esperado tanto por el amor, no quería echar a perder el proceso perdiendo la cabeza o jugando.

Hoy en día, Heidi y Robert están casados y viven con

su pequeña hija en Canadá, tierra natal de Robert. La decisión 10-10-10, me dijo alguna vez Heidi, le tomó cinco minutos. Pero siempre recordó ser fiel a sus valores al aventurarse en el ciberespacio en busca del amor y alcanzó la vida de sus sueños en la tierra.

TRANSITAR CON CUIDADO

Sería engañoso afirmar que el 10-10-10 siempre impulsa una relación floreciente al matrimonio. De hecho, algunas veces el proceso puede revelar las fallas que hay en una relación y, al hacerlo, puede transmitir a los involucrados el mensaje de "transitar con cuidado".

Blair y Andre fueron una pareja rara desde el inicio. Cuando se conocieron en la universidad, el interés de Blair era la historia del arte y su prioridad era conseguir empleo —cualquier empleo— en el área de Nueva York para poder estar cerca de sus padres ancianos. Andre vivía y respiraba ciencia; ya había trazado un mapa detallado de su futuro: un doctorado en oncología que probablemente lo llevaría a un prestigioso cargo en investigación médica.

A pesar de sus diferentes inclinaciones, Blair y Andre solo salieron durante los dos años previos a su graduación. Al terminar sus estudios, ambos consiguieron trabajo en Manhattan: Blair como recepcionista en una firma de abogados especializada en derecho civil, y Andre como investigador *junior* en el laboratorio de un hospital. Su relación era una versión algo más madura de lo que había sido en la universidad hasta que, un día, el jefe de Andre le ofreció una beca de investigación en un hospital de Tokio.

"Empaca tus maletas", le escribió Andre a Blair en un mensaje electrónico. "¡Nos vamos a Japón!"

Blair quedó atónita. ¿Era esto una propuesta indirecta de matrimonio? Y si lo era, ¿la quería aceptar? Si no era una propuesta matrimonial, ¿en qué estaba pensando Andre? Repentinamente, Blair se dio cuenta de cuánto le molestaba el carácter efímero e indefinido de su relación con Andre. Ansiaba hallar una forma de discutir el tema con él.

Pero se dio cuenta de que primero debía determinar qué quería de Andre y de la vida.

Blair se había encariñado con su trabajo en la firma de abogados. Su jefe era un antiguo abogado empresarial que estaba culminando una carrera de treinta años asumiendo casos gratuitamente. Al acompañarlo a la corte, Blair se había dado cuenta del profundo compromiso que sentía con la idea de justicia social. Quería ingresar a la escuela de leyes para dedicarse a trabajar en derechos civiles y su jefe le prometió apoyar su proceso de admisión en todas las formas.

Otra abogada de la firma —madre profesional— le había presentado el 10-10-10 a Blair. Ese día, después de recibir el correo electrónico de Andre, Blair decidió utilizar la metodología para ayudarse a responder la siguiente pregunta: ¿Debo irme a Japón con Andre?.

Para empezar, Blair trazó un cuadro con casillas para diez minutos, diez meses y diez años, y en cada casilla escribió los subtítulos 'trabajo', 'amor' y 'familia'. Luego le asignó prioridades a estos tres aspectos según su escala de valores. En el pasado, el orden había sido familia-trabajo-amor. Se dio cuenta de que había modificado el orden de la siguiente manera: trabajo-familia-amor.

A partir de allí, el proceso llevó a Blair rápidamente a una conclusión inequívoca. Se quería quedar en Nueva York para seguir adelantando su carrera y continuar cuidando a sus padres con la atención que merecían. No es que quisiera terminar con Andre, lo amaba y se sentía orgullosa de su beca en Tokio. Pero para que la relación avanzara, él también tendría que hacer explícitas sus condiciones.

"Mi decisión no fue un ultimátum; eso fue lo que más me gustó del proceso 10-10-10", me dijo Blair. "Me sentía feliz de que él se fuera. Me sentía feliz de que yo me quedara. Finalmente pudimos tener la primera conversación seria que nunca habíamos tenido sobre nuestro futuro".

¿Ese futuro incluiría el matrimonio?

Blair me dijo que no estaba segura. "Sin importar qué suceda, siento que al menos con el 10-10-10 tenemos un lenguaje en común para conversar sobre ese tema".

En lugar de ignorar su incomodidad y asumir que las cosas se arreglarían más tarde, Blair había utilizado el 10-10-10 para determinar qué opción de vida encajaría mejor con sus valores. Es más, se había resistido a su tendencia a pasar por alto una sensación de desajuste esperando que algo —el paso del tiempo, un empleo, un anillo de diamantes, un bebé— hiciera desaparecer la incertidumbre. Eso casi nunca sucede.

UNA MUJER LLAMADA LULU

Mi primer matrimonio surgió de esa clase de evasión, y de su compañera, la oportunidad. Mi esposo y yo nos habíamos conocido en la secundaria; habíamos compartido años de historia conjunta pero ni un solo interés en común excepto la canción "Avalon" de Roxy Music. (Es triste decirlo, pero no estoy exagerando). Ninguno de los dos había cumplido aún los veinticinco años cuando llegamos al altar, pero nadie nos dijo ni una palabra de advertencia, al menos ninguna que realmente escucháramos. Como mi madre me dijo posteriormente: "Ambos parecían tan seguros de lo que estaban haciendo…".

Aun hoy no sé realmente de qué estábamos tan seguros. Lo que sí sé es que cuando uno se casa por las razones equivocadas, éstas finalmente se hacen evidentes.

Sea cual sea la razón por la que un matrimonio o una relación se termine, el 10-10-10 puede intervenir infundiendo discernimiento, reflexión y consuelo durante una de las transiciones más dolorosas que tiene la vida.

Un fin de semana, en la primavera del año 2000, mi esposo y yo subimos al Monte Lafayette con otras tres parejas y nuestros hijos. El clima mejoraba y los árboles florecían. El plan era caminar un par de horas y después almorzar en un claro en el camino donde nuestro amigo Ron, quien estaba retrasado por un compromiso laboral, se nos uniría.

A las tres de la tarde, dos horas después de la hora de encuentro acordada, Ron aún no había llegado. Su esposa, Leslie, estaba desesperada. "No quiero que Ron tenga que caminar en la oscuridad" dijo preocupada, en voz alta.

Entonces, en la distancia, alguien vio a Ron corriendo montaña arriba, con su pesada mochila bamboleándose. Leslie también lo vio y salió corriendo hacia él. "¡Ron!", gritó con voz llena de felicidad. "¡Lo lograste!"

"¡Lulu, aquí estoy!", todos le oímos responder.

Me di vuelta para no tener que ver su abrazo.

Unas horas más tarde, cuando acampamos, hallé un saliente de roca a unos 200 metros de distancia y me senté sobre él a contemplar el esplendor de las montañas que destilaban visos rosados y rojizos con la luz que se desvanecía; tenían millones de años y existirían para siempre. Yo tenía cuarenta años; mi vida pasaba rápidamente. ¿Qué haría en el tiempo que me quedaba?

Cualquier otra mujer podría haber tomado una decisión distinta esa noche. Pero sentí que no tenía opción. Desde mi corazón, creía que nadie podía llevar una vida que tuviera sentido en un estado de engaño. Sabía que mi esposo y yo nunca podríamos tener lo que yo anhelaba tan desesperadamente: esa "tercera fuerza", eso sagrado que se crea cuando dos personas aman su matrimonio más que a ellos mismos.

Hasta ese momento, mi prioridad había sido guiar y proteger a mis hijos, prepararlos para que hicieran su propia vida. Esa responsabilidad es la que siempre había hecho parecer el divorcio como algo imposible. Sin embargo, sentada en la cima de esa montaña, de repente me di cuenta de que vivir una mentira no me ayudaba a ser una buena madre. ¿Qué clase de modelo de conducta era yo? ¿Qué les podría enseñar a mis hijos sobre la esperanza, la ternura y la comunicación si yo misma no tenía nada de eso?

Mi viaje a Hawái había ocurrido cuatro años antes y, como proceso, el 10-10-10 aún era un poco nuevo para mí. Pero en ese momento recurrí a él para tomar la decisión más importante de mi vida.

En el panorama de diez minutos, comprendí que un divorcio traería torrentes de dolor y confusión cuando mis hijos reaccionaran ante un puesto vacío en la mesa del comedor, un clóset desocupado y un espacio sin llenar en nuestra banca de la iglesia. También me pregunté cómo les daría la noticia a mis padres. Durante casi dieciséis años, me habían visto sufrir con mi matrimonio, pero me habían rogado que no me rindiera. ¿Cómo afrontaría al personal de la oficina? Se suponía que yo era una mujer optimista y segura de mí misma. ¿Podría seguir siendo así?

Mis pensamientos pasaron al escenario de diez meses. Sabía que para entonces las cosas podrían estar aún peor. La realidad habría empezado a calar en los niños. Seguramente, como en todos los divorcios, nos esperaba una pelea jurídica y financiera. Nunca había visto una "separación de bienes" verdaderamente cordial.

Pero al pensar en diez años, decidí que por fin podría estar viviendo una vida real. No tenía idea de cómo sería mi vida ni de dónde estaría yo, pero sería una vida auténtica; yo me encargaría de que así fuera. En el fondo de mi corazón, sabía que mi esposo también deseaba eso para él.

Unas noches después, en medio de una conversación tranquila, acordamos el divorcio.

Mis peores miedos nunca se hicieron realidad. Mi madre se entristeció mucho y los amigos eligieron entre mi ex esposo y yo. También tuve grandes inconvenientes en la oficina al pretender actuar como si mi Waterloo personal no hubiera ocurrido.

Pero los niños nunca parpadearon. Les expliqué mi decisión 10-10-10 y ellos la entendieron en la medida en que lo puede hacer un niño. Una vez incluso oí a mi hija Sophia decirle a una amiga: "Mi mamá no soportó seguir aparentando. Tuvo que tomar una decisión".

Y lo hice. Y agradezco haber tenido el 10-10-10 como guía a lo largo del proceso. Mi matrimonio finalmente se habría acabado sin él, pero probablemente en una forma que yo nunca hubiera elegido.

UNA BARRA DE CHICLE DE UVA

El día después de Pascua de 2002, el 10-10-10 nuevamente estuvo ahí para guiar mi corazón.

Para ese momento, mi nuevo amor Jack y yo estábamos profundamente enamorados pero la situación era complicada, por decir lo menos. Vivíamos en ciudades distintas; yo acababa de dejar mi trabajo en medio de un escándalo, y tenía el pequeño problema de mis cuatro hijos, mi perra grande y mi gato. ¿Dónde íbamos a vivir todos? ¿Cuánto tiempo podríamos pasar todos juntos? ¿Qué clase de familia seríamos?

Esta clase de asuntos no se resuelve en una conversación. Se resuelve con franqueza y reflexión. Así que ese fin de semana Jack y yo nos fuimos en el auto con los niños a Wellfleet, un pueblo de pescadores donde estaba ubicada la antigua casa llena de recovecos de mis padres, ahora vacía. Al principio, las cosas parecían maravillosas. A pesar del clima un poco gris, pintamos huevos, asistimos a la iglesia y después nos sentamos a cenar a la luz de las velas, una comida que había tomado horas en preparar. Sin embargo, noté que los niños se estaban poniendo un poco —cómo decirlo— inquietos. No estaban acostumbrados a que hubiera un hombre en mi vida y no les agradaba mucho no tener toda mi atención.

Al día siguiente me desperté con la brillante idea de que una larga caminata era justo lo que necesitábamos. Nos subimos al auto y fuimos hasta el puerto, pero la salida escasamente sirvió de bálsamo. Los niños se hacían zancadillas y se daban golpes, y las niñas discutían sobre los programas de televisión.

De regreso a casa, pude percibir que Jack se estaba saliendo de sus casillas. Sabía lo que estaba pensando: "Amo a esta mujer pero unos niños detestables no son parte del trato".

Por mi parte, yo pensaba: "Amo a mis hijos, pero no voy a perder a este hombre".

En ese momento, Jack vio un pequeño supermercado

al lado de la carretera y giró para entrar al estacionamiento. "Necesito un chicle", dijo. Lo que realmente necesitaba era descansar de las travesuras que estaban sucediendo en el asiento de atrás.

"¡Nos vemos!", dije alegremente cuando él salió del carro.

Esperé a que Jack se perdiera de vista y entonces me volteé y enfrenté a mis hijos. Mi expresión, me dijeron posteriormente, estaba "trastornada".

Agarré por el cuello de la camisa al niño que estaba más cerca: era Marcus. Hoy es un adolescente bueno y recto; su consejero estudiantil lo llama el "caballero de los niños". Pero en ese tiempo era un niño necio de ocho años que podía hablar por horas con voz de pato. Ese día, estuvo de malas al estar a mi alcance.

"Escúchenme todos", dije furiosa, agarrando con más fuerza la camisa de Marcus. "¿Creen que no sé lo que se proponen comportándose como animales, moviéndose y gritando y golpeándose? ¿Creen que no me doy cuenta de que están tratando de espantar a Jack? Pues, ¿saben qué? No soy tan estúpida".

Mientras los cuatro niños me miraban aturdidos, miré hacia la tienda para asegurarme de que Jack aún estaba adentro. No tenía mucho tiempo.

"Entiendan esto". Me volteé hacia mi público cautivo y me lancé a decir: "Por fin he encontrado al hombre que amo. He encontrado al hombre de mi vida. Y si creen que lo van a arruinar, están equivocados. Jack y yo somos un equipo de ahora en adelante. Estamos juntos".

Respiré profundamente y a continuación les dije: "Estoy haciendo lo que es mejor para todos. Esta es la nueva regla de nuestras vidas".

En ese momento, se abrió la puerta del auto.

"¿Alguien quiere chicle de uva?", preguntó Jack de manera jovial.

Solté la camisa de Marcus y me volteé hacia Jack con una inmensa sonrisa postiza. "No, gracias", exclamé. "¿Niños?"

Desde el asiento de atrás, silencio total.

Aquí hay algo que el lector debe saber. Dos días después, cuando les conté a mis hermanas lo que había ocurrido en el auto, ellas se descompusieron por completo. "¡Estás equivocada, Suzy!", gritaron. "¡Ningún hombre es más importante que tus hijos!"

"No estoy dándole prioridad a Jack", las corregí. "Estaba anunciando las reglas de nuestra nueva familia".

Para ese momento, había utilizado el 10-10-10 lo suficiente como para conocer y confiar en su poder. Por eso, en el momento de la verdad, mientras Jack compraba unos chicles de uva, utilicé la metodología. De hecho, ese día tomé mi decisión en muy poco tiempo. No requirió lápiz ni papel. Lo hice en mi cabeza en unos, digamos, tres nanosegundos.

En los lapsos de diez minutos, diez meses y diez años, no habría ninguna carencia ni necesidad mía ni de nadie más, que fuera más importante que esa "tercera fuerza" en el centro de nuestra vida: la suma que es mayor que Jack y yo juntos.

Esa decisión estaba tomada.

"Bueno, ¿qué está pasando aquí?" dijo Jack, aún perplejo por el nuevo ambiente dentro del auto.

"¡Nada!", le aseguré.

"¿Nada?", insistió.

Hubo otro largo silencio. Entonces, Marcus lo rompió. "Mamá nos anunció las nuevas reglas", exclamó, sin tono enojado ni desafiante, solo aturdido. Ya no hablaba, cabe anotar, con voz de pato.

"Mamá dice que ahora ya no hay más 'solo ella' ", dijo. "Ahora están tú y ella, juntos".

Jack se echó a reír de alegría. Entonces me miró y levantó las cejas y yo le devolví una verdadera sonrisa. No cruzamos palabra, pero por su expresión me di cuenta de que entendía lo que había sucedido en su ausencia, y me agradecía por la prueba a la que acababa de someterme y, sobre todo, por mi decisión deliberada, sustentada y sincera.

Allí, en medio del silencio, ese algo compartido y sagrado entre nosotros tomó impulso y creció.

CAPÍTULO CINCO

En el trabajo, dignidad

El 10-10-10 en el contexto laboral

Este capítulo explora el poder del 10-10-10 en el campo laboral. Para ahorrar tiempo, usted puede omitir su lectura si cumple cualquiera de las siguientes condiciones:

1. Su trabajo realmente no le importa. Bueno, le importa pero no mucho.
2. Su trabajo le importa, pero es muy fácil de hacer.
3. Nunca ha tenido una experiencia fuera de este mundo durante una reunión de personal, una revisión de desempeño, una negociación con un cliente o cualquier otra actividad laboral en la que se haya preguntado: "Dios mío, ¿qué he hecho?".
4. No tiene, absoluta y categóricamente, ningún interés en conocer la decisión laboral que mantuve en secreto durante dieciséis años.
5. Su bondad interior y su falta de interés por la desgracia ajena le impiden querer saber cómo fui despedida dos veces.

Si ninguna de las condiciones anteriores aplica, continúe leyendo.

Siga leyendo si ama su trabajo pero a veces siente miedo, o si lucha a diario con su empleo pero aun así se despierta temprano a la mañana siguiente para ir a trabajar. Siga leyendo si acogería un proceso que hiciera más satisfactorio su trabajo. No importa si su trabajo consiste en lavar platos o dirigir una empresa. Todo trabajo es bueno si lo llena de satisfacción y motivación.

El 10-10-10 coincidirá en eso con usted.

Ojalá hubiera existido la primera vez que me despidieron, en el verano de 1975.

"EL TRABAJO ES UN DEBER, *CAPISCE*?"

La escena del crimen fue la tienda Cumberland Farms en Wellfleet, Cape Cod, el mismo almacén donde, veintisiete años después, anunciaría la nueva norma de nuestra vida en familia a mis aturdidos hijos mientras Jack entraba a comprar un paquete de chicles de uva.

Pero en la época en que trabajé como cajera en esa tienda, no tenía tales agallas. Por supuesto, la mayoría de las personas no las tienen a los dieciséis años, pero yo era particularmente cobarde. Me despidieron porque no pude enfrentar a mi mamá, una mujer astuta y voluntariosa con un carácter tan fuerte que nadie jamás se atrevió a hacerlo. Tampoco yo.

Mi desplome solo tomó un mes. El Sr. Antonio Scibelli, administrador del almacén, era un inmigrante italiano bonachón, con un gran bigote; quería que yo trabajara de nueve de la mañana a cinco de la tarde, cinco días a la semana, como cualquier empleado normal. Desafortunadamente, cada vez que mejoraba el clima, mi madre insistía en que me uniera a la familia en un barco para recoger peces azules.

"Pero mamá, ¿y mi trabajo?", murmuraba yo desde el asiento trasero al pasar frente al almacén casi todas las mañanas, de camino al puerto.

"El Sr. Scibelli me estima", respondía ella despreocupadamente. "Él entenderá. La familia está primero".

Parecía que el Sr. Scibelli sí estimaba a mi madre. Los días en que yo iba a trabajar —sobre todo cuando llovía— ella se aseguraba de llevarme al almacén y decía: "Mira, Tony, ¡aquí está Suzy!", y la cara del hombre se iluminaba con una gran sonrisa.

Un día lluvioso, sin embargo, no me presenté; mi madre había decidido que el sótano necesitaba una limpieza y el Sr. Scibelli llamó a casa furioso. "¡El almacén está lleno de gente! ¡Necesito que venga!", gritó con su fuerte acento. "¿Para qué cree que le pago?"

Temblando, le pedí a mi madre que me llevara, pero ella se negó. Contemplé la posibilidad de irme corriendo hasta el almacén —estaba a menos de un kilómetro—, pero pensaba en la reacción de mi madre. Así que, derrotada, me quedé en el sótano ordenando trastos.

Al día siguiente, el clima todavía estaba nublado y mi madre aceptó dejarme en el almacén de camino a la ciudad. Cuando entré a la tienda, con la cabeza baja por la vergüenza, el Sr. Scibelli se acercó furioso. "¿Qué está haciendo aquí?", exigió saber.

"Vine a trabajar", dije dócilmente.

"Usted no sabe *cómo* trabajar", estalló. "El trabajo es un deber, *capisce*? El trabajo no es si 'quiero' o 'no quiero'. Nunca va a conservar un puesto si actúa de esa manera".

"Lo sé, lo sé", protesté llorando.

"*¡Basta!*", gritó el Sr. Scibelli, imponiendo su voz sobre la mía. "Salga de aquí. ¡Váyase, váyase, váyase!"

Me fui y desde entonces me he estado disculpando —mentalmente— con el Sr. Scibelli. Aun a mis dieciséis años, creía que el trabajo era un compromiso que debía honrar. Pero vivía como si no lo creyera.

EN EL DÍA A DÍA

Los sociólogos han sostenido durante mucho tiempo que el trabajo es una fuente primaria de identidad personal, pues nos da orientación y propósito, y actúa como principio organizador de nuestra vida. Mi carrera como escritora sobre negocios no ha hecho más que confirmar ese concepto. Durante los años que trabajé como reportera de periódico y editora de revista, tuve la oportunidad de conocer ámbitos sindicales, plantas de producción, pequeñas empresas y grandes compañías de alto nivel. En todos estos contextos, observé y oí que el trabajo no es lo que la gente *hace* todo el día, sino lo que la gente es.

En estos últimos años, mi concepto sobre el trabajo —y de cómo la gente lo vive— se ha ampliado drásticamente debido a una avalancha de nueva información. Cada semana, mi esposo Jack y yo recibimos cientos de cartas en respuesta a nuestra columna que aparece en la edición para los Estados Unidos de la revista *BusinessWeek* y como parte de las publicaciones del *New York Times* que se distribuyen en unos cincuenta países. A pesar de la diversidad de nuestros lectores, hay un mensaje común que se percibe fuerte y claramente. Las personas ven su trabajo con pasión; los llena de satisfacción; los enfurece hasta sacarlos de quicio. En resumen, el trabajo le da un sentido a la gente. Un entrenador de *softball* de una escuela primaria una vez nos escribió diciendo: "Tengo amigos que me dicen: 'Solo eres un profesor de educación física, Bob, no te sientas tan grande y poderoso', y yo les respondo: 'Sí, pero soy *profesor*. Puedo cambiar una vida' ". Una amiga mía, asesora a ejecutivos cuyas empresas están atravesando algún tipo de crisis. Ella considera que su trabajo es esencial para mantener a flote la economía. Mi hermana mayor Elin tiene un negocio de fotografía especializada en retratos de grados y tarjetas de Navidad. Su trabajo, dice ella, exalta las familias; las fortalece.

Un filósofo romano dijo alguna vez: "*In opus, maiestas*" (En el trabajo, dignidad). Hay cosas que nunca cambian.

Pero en estos tiempo tan intensos, la dignidad en el trabajo no se logra sin un gran esfuerzo. El trabajo se mueve a toda velocidad; sus exigencias son cada vez más complejas. Cambia constantemente. Nunca está terminado. Uno puede dar en él lo mejor de sí, pero el trabajo nunca parece ofrecernos seguridad a cambio.

Para casi todos, desde hace una década, el trabajo dejó de ser una labor que se realiza de nueve de la mañana a cinco de la tarde. La tecnología es una de las razones; para bien o para mal, los Blackberry, los celulares y los computadores portátiles hacen que estemos disponibles sin importar dónde nos encontremos. La exigencia de la economía global de estar siempre conectado hace que los negocios nunca duerman. Y así, llevamos cada vez más todo nuestro ser al trabajo y nuestro trabajo a nuestro tiempo personal.

Ahora, más que nunca, necesitamos un proceso que garantice que las decisiones laborales no nos ocurran, sino que sean tomadas por y *para* nosotros.

UN ASESOR VIRTUAL

En el trabajo, el 10-10-10 puede jugar dos roles primordiales.

Primero, puede ayudarnos a tomar decisiones gerenciales, estratégicas y operativas complejas, desde contrataciones y promociones hasta asignaciones presupuestales. Y segundo, el 10-10-10 puede utilizarse como herramienta para manejar, enseñar y asesorar a las personas con quienes trabajamos. En ambos casos, la metodología ofrece un marco para el debate constructivo y un lenguaje común para explorar valores y agendas enfrentadas.

En mi experiencia, el 10-10-10 funciona muy bien en el trabajo porque va directo al corazón del desafío laboral fundamental. Sin importar qué clase de trabajo tenga, si usted es un empresario que debe decidir dónde manufacturar un producto nuevo, o un representante de ventas que debe planear las visitas a sus clientes, o un ingeniero que tiene a su cargo la selección de los miembros del equipo para un proyecto especial, o un ejecutivo que debe abrir una nueva oficina al otro lado del mundo, prácticamente toda decisión implica un enfrentamiento entre las necesidades del presente, del mediano plazo y del futuro. Toda decisión implica sacrificar una cosa por otra y requiere evaluar las posibles consecuencias en diferentes marcos de tiempo. En esos momentos críticos, el 10-10-10 puede actuar como asesor virtual que nos invita a recolectar datos, probar hipótesis, identificar opciones y explorar sus diversas consecuencias.

Descubrí la utilidad que el 10-10-10 tiene como asesor cuando trabajé como editora de la revista *Harvard Business Review*.

Nuestra meta en la *HBR* era publicar artículos que, según nuestra misión, "mejorarían la práctica de la administración". Generalmente teníamos un gran número de colaboradores muy perceptivos con quienes trabajar, pero de vez en cuando algún renombrado profesor de Harvard con una idea obtusa, o aún sin madurar, insistía en que publicáramos su artículo prácticamente sin editar. Si nos negábamos, el profesor armaba un escándalo con el decano de la escuela de negocios, jefe y dueño oficial de la revista.

Un día, algunos de los miembros del equipo nos hallábamos lidiando con un escenario así. El colaborador en cuestión era una vaca sagrada en el campus, lo llamaré aquí profesor Hampton; había sometido a consideración un artículo que era una repetición de un material que él había publicado anteriormente en la *HBR*, escrito con la clase de jerga académica que durante años habíamos estado intentando eliminar de la publicación.

Una de mis colegas se había pasado el día intentando negociar con Hampton y estaba a punto de enloquecer. No obstante, en nuestra reunión, ella sugirió seguir adelante. "Estamos tan metidos en esto que no podemos dar marcha atrás ahora", dijo.

"¿Por qué publicar un artículo que no está listo?", se opuso otra colega.

"Lo vamos a publicar para que Suzy no reciba una llamada del decano", alguien señaló amablemente. "Aunque eso es un poco lo que ella se merece".

"¿Podemos aplicarle el 10-10-10 a esto?", interrumpí, al caer en cuenta de que la decisión con respecto al artículo de Hampton era simplemente otro dilema con múltiples variables y distintas consecuencias en diferentes marcos de tiempo y, por ende, un candidato perfecto para el proceso que yo utilizaba permanentemente en casa. Rápidamente les expliqué el 10-10-10 a todas las personas que estaban en el recinto.

"Probémoslo", respondió un editor; la propuesta tuvo aprobación general en la mesa. "La pregunta es bastante sencilla, ¿cierto? ¿Debemos o no publicar el artículo de Hampton?"

El lapso de tiempo de diez minutos dio lugar a un rápido consenso. Si seguíamos adelante con el artículo, se retrasarían nuestros esfuerzos por cambiar la imagen de nuestra revista de aburrida a asequible. Pero si lo rechazábamos, habría un cierto nivel de incomodidad inoportuna entre las directivas.

En diez meses, los resultados no serían mucho mejores. Publicar el artículo sentaría un precedente para otros colaboradores conflictivos del cuerpo docente, dificultando así en lo sucesivo el rechazo de material de calidad inferior. Si cancelábamos a Hampton, nuestros jefes podrían molestarse aun más y nos podríamos ver obligados a aceptar otro artículo aun menos deseable.

En el lapso de diez años, sin embargo, el panorama se aclaró. "¿Quién va a estar aquí dentro de diez años?", pregunté a los editores que estaban en la sala. Todos levantaron la mano y, de inmediato, uno de ellos intervino con una opinión diferente.

"Bueno, un momento. Creo que sí tenemos que cancelar el artículo", dijo, y recibió uno o dos gestos de apoyo de quienes estaban alrededor de la mesa. "De no ser así, en cinco años u ocho o diez, podríamos estar todavía aquí sentados discutiendo exactamente lo mismo".

"Todo lo contrario. Debemos minimizar los riesgos y publicar a Hampton", respondió otro editor. "El nombre de la revista es más importante que un artículo. ¿Para qué causar problemas?"

Todos me miraron. Era bien sabido que yo quería que la *HBR* se modernizara; amaba y respetaba la revista, pero también sentía que a veces era demasiado seria. Por otro lado, valoraba tener buenas relaciones con Harvard. Sabía que aun con mí título y mi aparente autoridad, estaba maniatada sin el apoyo de mi jefe y sin los recursos que dicho apoyo le aportaba a la *HBR*.

"Miren, creo que esta vez tenemos que publicar a Hampton", dije finalmente. "Si queremos que la *HBR* cambie a largo plazo, cancelar este artículo nos costará un precio demasiado alto. Si lanzamos bombas, nos convertiremos en el 'enemigo' y esa no es la forma de lograr nada".

No estoy segura de que todos en la sala estuvieran de acuerdo con mi decisión. Pero al menos todos, incluyéndome, entendimos por qué la había tomado. Eso es parte de ser líder.

CRECER O DEJAR IR

Desde entonces he utilizado el 10-10-10 en innumerables situaciones laborales.

Hace varios años, por ejemplo, lo usé para evitar la que hubiera sido una decisión verdaderamente tonta: despedir a mi asistente. Megan LaMothe era una brillante egresada de Colgate, con título en matemáticas y filosofía. Desafortunadamente, también era la reina de la torpeza entre las asistentes; cometía un error tras otro y lo único que la salvaba eran las gracias de su gran corazón.

Megan llevaba trabajando conmigo alrededor de un año. Un día, yo estaba parada al lado de su escritorio cuando sonó el teléfono. Era mi brillante amiga Nancy Bauer que llamaba para contarme que acababa de ser nombrada profesora titular de la Universidad de Tufts. Lancé un grito y literalmente salté de alegría. Tan pronto colgué, le expliqué a Megan la razón. "¡Enviémosle flores!", exclamé. "Es una noticia fantástica".

Unas dos horas más tarde, sonó mi teléfono. Era la directora de la escuela primaria de mi hija, una mujer más bien desagradable que, por casualidad, tenía el mismo nombre de mi mejor amiga. "Tengo dos docenas de rosas amarillas en mi escritorio", dijo fríamente, "y no logro imaginar por qué".

Hasta aquí llegó, exclamé para mis adentros. Corrí a la oficina de Megan. Seguramente se me escapó algún improperio pero entonces, apelando a mis mejores instintos, regresé a mi oficina a organizar mis pensamientos.

En el corto plazo, sabía que Megan iba a seguir enloqueciéndome. Era un remolino de creatividad e inexperiencia, con más énfasis en esto último. Pero entonces me di cuenta: ¿no había sido yo así también, antes? Y los pacientes gerentes ¿no me habían tolerado y tratado de enseñar? Dado su inmenso potencial, su rectitud y sus buenas intenciones, en diez meses Megan podría ser una versión mejorada de sí misma. Y en diez años, seguramente habría madurado lo suficiente para estar brillando en la carrera correcta.

Entonces, ¿qué hice? En lugar de despedir a Megan le dije por qué tenía la intención de hacerlo. Después le dije que le iba a dedicar otros tres meses de mis energías; si para entonces mi inversión no parecía estar dando resultados, ella tendría que irse.

Hoy en día, Megan está a punto de graduarse de una

prestigiosa escuela de negocios. Todavía rebosa de bondad y creatividad, pero se ha vuelto equilibrada, reflexiva y totalmente exigente en los detalles. Siempre que le dice a la gente que soy su mentora, siento desmayarme de orgullo. Ella me enseñó cómo ser una mejor jefe.

EL ALIADO DEL EMPRESARIO

El 10-10-10 puede ser especialmente valioso para los trabajadores independientes puesto que es una forma de validar ideas cuando se tienen pocos o ningún colega con quién hacerlo. Se trata de algo muy importante cuando se miran las estadísticas. En Estados Unidos, las empresas con menos de veinte empleados suman cerca de veintiún millones, y aunque es difícil obtener cifras precisas, al menos unos quince millones de empresas tienen menos de cinco empleados. Aun en esta época de trastorno económico, se estima que cada día unas 2.500 personas lanzan su propio negocio. En la medida en que aumente el desempleo, solo podemos esperar que esta tasa aumente.

Por suerte, el gobierno ofrece servicios de apoyo a bajo costo para las pequeñas empresas y existen asociaciones de empresarios en todo el país. El 10-10-10 también puede ayudar a crear nuevas empresas al brindar un proceso rápido y fácilmente asequible para evaluar decisiones difíciles y poner a prueba las corazonadas de las cuales tantos empresarios tienden a depender.

Joan comenzó su carrera como maestra, pero después de un período sorprendentemente satisfactorio como consejera estudiantil de su escuela primaria, decidió volver a la universidad para obtener un título en trabajo social. Unos años después, con el apoyo de un préstamo que le hizo su hermana mayor, decidió dar el salto al mundo del trabajo independiente. Se anunció como terapeuta de familia y obtuvo sus primeros clientes entre sus amigos, sus antiguos colegas y las familias de sus antiguos estudiantes. Muy pronto, sin embargo, Joan se dio cuenta de que necesitaba un flujo de ingresos más constante que le permitiera seguir pagando su seguro médico, amortizando la hipoteca y cubriendo los demás gastos de su hogar. Pasó semanas intentando hacer citas con médicos y aseguradoras locales, con la esperanza de que ellos le remitieran pacientes. Algunos lo hicieron, pero no tantos como necesitaba.

En un momento de desesperación, Joan llamó a Mary Louise, directora de su antiguo colegio y buena amiga suya. "Sabía que lanzarme por mi cuenta no iba a ser fácil", se lamentó, "pero tal vez no sobreviva ni siquiera en mi primer año".

"Vin inició tres negocios antes de que por fin resultara uno", respondió Mary Louise refiriéndose a su esposo, quien recientemente había logrado por primera vez algo de rentabilidad con su negocio virtual de intermediario en eBay. "Tienes que seguir intentando cosas. Inténtalo todo, Joan. Intenta algo con Internet. Ese es el futuro".

Joan dudó. De hecho, había estado contemplando la posibilidad de lanzar su propia página web, pero su instinto le dictó gastar apenas lo necesario para publicar su nombre e información de contacto. "No tenía mucho dinero disponible", me dijo con respecto a sus pensamientos iniciales, "y simplemente me pregunté: ¡Vamos! ¿Quién busca a un siquiatra en la red?".

El comentario de Mary Louise instó a Joan a revisar sus opciones con el método 10-10-10, que ya utilizaba con frecuencia en su vida personal. Decidió que su pregunta era de orden financiero. Quería saber "¿Cuánto dinero debo invertir para anunciarme en Internet?"

Para poder realizar un análisis 10-10-10 a conciencia, Joan sabía que lo primero en su agenda era obtener datos concretos.

Eso no le tomó mucho tiempo. Una rápida búsqueda en línea le mostró que los terapeutas de todas las especialidades se anunciaban en Internet no solo dando detalles de su formación y su enfoque, sino también mediante *blogs* con sus pacientes, videoclips, fotos y *podcasting*. Cuando Joan miró las carteleras de mensajes y los foros, descubrió que los clientes potenciales no solo utilizaban sino que esperaban encontrar páginas de Internet en el proceso de selección de un terapeuta.

"Tengo mucha aversión al riesgo", me comentó Joan cuando hablamos no hace mucho. "Pero ahora que estoy sola, tengo que acostumbrarme a él; tengo que hallar formas de manejarlo. El 10-10-10 me mostró que, desde el punto de vista de los negocios, es más riesgoso no gastar dinero". Finalmente, Joan invirtió $5.000 en el diseño de su página e incluso tomó un curso para aprender a administrarla ella misma. La nueva iniciativa le resultó tan agradable —y productiva para su negocio— que ahora, dos años después, está pensando ampliar su presencia digital mediante un boletín electrónico, disponible por suscripción, para llegar a todos los nuevos clientes que el sitio ha captado.

Estos clientes, casualmente, son suficientes para mantener a flote por ahora el negocio de Joan, pero ella no tiene planes de reducir su presencia en Internet. Si hay algo hasta ahora que haya aprendido de ser empresaria es que nunca se debe bajar la guardia.

Es necesario seguir obligándose a mejorar el negocio con todas las herramientas disponibles, no solo hoy sino en los meses y años por venir.

NO SOLO CORAZONADAS

Al poco tiempo de iniciar la investigación para escribir este libro, una amiga me envió un correo electrónico. "Acabo de buscar tu idea en Google", me escribió, "y asumo que sabes de todos los consejeros que están utilizando el 10-10-10".

En realidad no tenía ni idea. Todos los usuarios del 10-10-10 que había conocido hasta ese momento eran personas que como yo, seguían el proceso en forma individual o, en unos pocos casos, con la ayuda de un amigo o socio.

Pero desde entonces me he enterado de que el 10-10-10 se ha vuelto parte del paquete de herramientas de muchas personas que ejercen profesiones relacionadas con el desarrollo personal —maestros, enfermeras, terapeutas y sicólogos. Por ejemplo, Anne Jolles, consejera de familia de

Massachusetts, usa el 10-10-10 para ayudar a aquellos padres a quienes les cuesta desprenderse de sus hijos a medida que estos van creciendo y buscan independencia. Meadow DeVor, consejera virtual, emplea el 10-10-10 con clientes que están pasando por dificultades matrimoniales y viven problemas de desequilibrio entre el trabajo y la vida personal. ¿Recuerdan a Heidi, la maestra que utilizó el 10-10-10 para reunir el valor de conocer a alguien por Internet? Ella también llevó el 10-10-10 a su salón de clase para pedirles a los estudiantes de último año que escogieran una decisión importante que hubieran tomado en su vida y realizaran un análisis 10-10-10 retrospectivo, a fin de determinar qué habrían hecho distinto de haber pensado en forma metódica sobre las consecuencias de su decisión.

"Uno casi nunca *ve* cuando los niños aprenden", me contó Heidi sobre la experiencia. "Pero esos trabajos fueron los mejores y más profundos que recibí en todo el año. A casi todos los chicos —y estos eran chicos difíciles— el proceso les abrió los ojos. Vieron las consecuencias de sus acciones, y en algunos casos, se dieron cuenta de que se habían equivocado".

Kimberly Smith Martinez, una sicóloga de San Antonio que acaba de ingresar a la práctica privada, utilizó el 10-10-10 con frecuencia en su trabajo previo como consejera en el sistema de justicia para menores. Los adolescentes bajo el cuidado de Kim eran muchachos en crisis; muchos de ellos estaban a punto de alejarse por completo de la sociedad. Para ayudarlos a analizar los posibles resultados de sus decisiones, Kim tomaba el proceso del

10-10-10 y lo plasmaba en una gráfica. Sentada al lado de cada adolescente que asesoraba, trazaba una tabla de tres columnas por dos filas. En la parte superior de cada columna escribía: Diez días, Diez meses y Diez años. En una de las filas escribía “Pros” y en la otra “Contras”, a continuación ella y su cliente hacían el ejercicio sobre el conflicto en cuestión anotando sus consecuencias.

El día que hablé con Kim, ella acababa de hacer el proceso con una adolescente embarazada que estaba tratando de decidir si debía quedarse con su familia que la censuraba pero le ofrecía estabilidad, o irse a vivir con su novio drogadicto, amoroso pero inestable. Usando el 10-10-10, la muchacha finalmente escogió quedarse en casa; su razonamiento le decía que su familia le brindaría un ambiente que le permitiría regresar a la escuela después de que naciera su bebé. Extrañaría la compañía de su novio, pero finalmente decidió que valoraba más la posibilidad de ser independiente.

“Siendo realista, no sé que va a pasar con esta joven”, me dijo Kim, anotando que la mayoría de los jóvenes tenían al menos un familiar que había fallecido o estaba encarcelado. “Mis chicos no miran hacia adelante jamás. Pero el 10-10-10 les permite dar un vistazo a algo que normalmente no ven: a ellos mismos en el futuro”, dijo. “No todo son corazonadas”.

DOCE HOMBRES AMARGADOS

Cuando tenía apenas unos años más que los clientes de Kim, tomé una decisión laboral impulsiva que se convertiría en mi secreto durante dieciséis años. Sólo el 10-10-10 finalmente me ayudó a entender a cerrar ese capítulo doloroso de mi historia personal.

El año era 1985. Yo tenía veintiséis años y trabajaba con la Associated Press en Boston como supervisora del turno de la madrugada.

¡Qué chistoso! Y no porque una persona de veintiséis años no pueda ser jefe. En empresas familiares y recién creadas sucede todo el tiempo. Pero normalmente no sucede —y por una buena razón— en situaciones en las que los empleados son viejos miembros del sindicato, malhumorados, enfrascados en un antiguo enfrentamiento con la gerencia.

Se imaginarán la "felicidad" de los empleados al verme. Yo apenas tenía cuatro años de experiencia en un periódico y una actitud optimista frente a mi cargo, lo cual debió alimentar sus instintos homicidas.

Yo tampoco estaba muy entusiasmada con ellos, con su sarcasmo y su arrogancia. Como no podían desfogar su resentimiento con los altos directivos, algunos lo hicieron conmigo. Me informaron que no confiaban en quien no podía nombrar el condado irlandés donde había nacido su propia madre. También querían que supiera que la universidad era para niños de clase alta y que mi universidad, en particular, era para estúpidos ricachones. Todos los días a las cuatro de la mañana, los trabajadores salían a su "receso de almuerzo"; unos cuantos habitualmente regresaban a la hora en una nube tóxica de alcohol. Entre amigos me refería a mis empleados como 'Los doce hombres amargados' (de hecho, había noches en que no eran más de cinco).

No me importaban los ritos de iniciación, que me llamaran "Señorita Harvard" o que me dejaran sola a oscuras una y otra vez cuando bajaban el interruptor en la caja de fusibles. Lo que no soportaba era que algunos de los tipos se iban al baño ubicado a unos 3 metros de mi puesto de trabajo y simulaban —al menos, me decía a mí misma que simulaban— darse "placer" mientras gritaban mi nombre.

Mi labor de supervisión del turno de la madrugada debió durar como un año. En ese tiempo, nunca me quejé con mi jefe sobre lo sucedido. Nunca se lo conté a mis padres, ni a una amiga, ni a un colega, ni a mi esposo de entonces. La primera persona a quien se lo confesé, a mis cuarenta y dos años, fue a Jack.

"¿Todavía viven esos idiotas?", fue su respuesta. "Porque quiero ir a matarlos".

Y después, en tono más serio, me preguntó: "¿Por qué no los parastes?".

Le expliqué mi raciocinio de aquel momento utilizando el 10-10-10 en forma retrospectiva.

Primero, le recordé el contexto. En 1985, el concepto del "acoso sexual" podía estar flotando por ahí pero aún le faltaba cobrar importancia. La mayoría de las mujeres aún se estaban abriendo campo en el mundo laboral;

aquellas que se quejaban de condiciones hostiles eran señaladas como lloronas y eran despedidas o relegadas a divisiones lejos de la verdadera acción. Para ascender, uno tenía que probar que poseía la entereza de cualquier hombre, o incluso más. No digo que esas condiciones fueran las correctas (no quisiera que ninguna de mis hijas trabajara así) pero representaban la realidad de la época. Como tantas mujeres de mi generación, yo tenía que escoger las batallas que quería librar.

En el panorama de diez minutos, si denunciaba los actos de "Los doce hombres amargados" no tenía nada qué ganar y sí mucho qué perder. Por ser miembros del sindicato, no podían ser despedidos sin un largo proceso de litigio. Eso me dejaría supervisando a un montón de hombres que me odiarían aún más que antes. Le podía pedir a mi jefe que me sacara del turno de la madrugada, pero a menos que le dijera el por qué, pensaría que no aguantaba el horario o que no me podía desempeñar como gerente.

En el escenario de diez meses, si cerraba la boca sabía que volvería triunfante al turno del día. En esa época no se podía ascender en el periodismo de prensa sin trabajar en el turno de la madrugada; era un paso obligado. Si sobrevivía al mío, tendría además la satisfacción de no haberme dejado derrotar por esos bastardos.

Si ponía la queja, sabía que en diez años aún me conocerían en el medio como "la niña incapaz de soportar una broma", ya que "Los doce hombres amargados" probablemente negarían lo que en realidad había sucedido. Si no me quejaba, sería la mujer que había ascendido jugando según las reglas de los hombres.

Mi decisión, por lo tanto, no fue totalmente equivocada; así lo demostró la evolución de mi carrera. Pero pagué un precio por mi silencio. Durante todo el año siguiente, me sentía constantemente incómoda en la oficina, incluso en el turno de día. No sabía por qué; ni siquiera lo relacionaba de manera consciente con "Los doce hombres amargados". Finalmente, renuncié a mi trabajo para asistir a la escuela de negocios. Pero siempre que el tema de ser jefe surgía en clase, sentía flaquear la confianza en mí misma. ¿Qué sabía yo? En realidad no había dirigido a nadie; mis empleados me habían pisoteado.

Qué triste me parece todo eso hoy. Con el 10-10-10, vine a darme cuenta de que al tolerar a "Los doce hombres amargados" había aprendido más acerca de los hombres, de la administración y de mí misma que si hubiera puesto la queja o salido corriendo. Hoy incluso hago referencia a esa experiencia en mis clases en el Centro de Liderazgo Femenino de Babson College. Las condiciones laborales de la mujer han cambiado mucho en los últimos treinta años y la mayoría de mis estudiantes nunca tendrán que enfrentar lo que yo viví. Seguramente enfrentarán dilemas en los cuales su elección tendrá un impacto profundo y duradero sobre su sentido de identidad. Siempre les aconsejo a mis estudiantes no tomar una decisión a menos que puedan explicársela a sí mismos y a los demás.

Y no, no pongo como ejemplo la primera vez que fui despedida. Utilizo la segunda.

TÚ MISMA TE HICISTE DAÑO

Era octubre de 2001 cuando volé a Nueva York a encontrarme por primera vez con Jack. Él acababa de retirarse después de veinte exitosos años como presidente de la junta directiva y director ejecutivo de General Electric; estaba haciendo una gira publicitaria con motivo de la publicación de su autobiografía. Mi tarea era entrevistarlo para la *HBR*.

Jack tenía fama de carismático y testarudo. Durante la conversación telefónica que sostuvimos para coordinar la reunión, no se reservó lo mucho que despreciaba mi erudita revista. ("Nunca leo esa cosa", creo que fueron sus palabras exactas). Llegué a su oficina a la hora convenida, hecha un manojo de nervios, armada de una pila de preguntas cuidadosamente preparadas.

No sé exactamente cuánto tardamos en enamorarnos ese día, ni puedo explicar cómo ocurrió. Le hice a Jack una pregunta sobre liderazgo y él respondió con unas ideas que reconocí de su autobiografía. Entonces le pregunté sobre estrategia y sucedió lo mismo. Ante mi tercera pregunta, volteó los ojos como si estuviera exasperado conmigo. "Apague esa grabadora", me ordenó. Y cuando accedí obediente, me preguntó: "¿Hay un hombre en su vida?". Desconcertada, le dije que estaba saliendo con un médico de Boston, lo cual era cierto sin ser nada serio. "Deshágase de él, es aburrido", afirmó Jack, añadiendo en forma premonitoria: "En todo caso, no es la persona para usted". Y entonces me preguntó por qué se había terminado mi matrimonio. Su pregunta fue directa y, como acto reflejo, hizo que mi respuesta también lo fuera. "Mi ex esposo diría que nunca lo amé", admití, "pero pasé dieciséis años fingiendo que lo amaba y él fingiendo corresponderme. Finalmente decidimos dejar de aparentar". Jack me miró a los ojos y asintió como si comprendiera exactamente a lo que me refería. Entonces, para mi sorpresa, la conversación pasó al intimidante tema del matrimonio y los insondables misterios del amor.

Media hora después, al sentir ambos que nuestra "entrevista" se acercaba al borde de la intimidad, la grabadora se volvió a encender; durante la última hora que estuvimos juntos, hablamos de fusiones y adquisiciones, de cambios tecnológicos en la bolsa de valores, del rol de los recursos humanos y del programa de mejoramiento de la calidad conocido como Six Sigma.

Al despedirme en la puerta de su oficina, Jack me dijo: "Usted no es como la imaginaba"; yo le respondí: "Usted tampoco".

En el transcurso de las siguientes semanas, Jack y yo hablamos con frecuencia por teléfono, casi siempre sobre el avance del artículo pero también de otras cosas: política, cine, mis hijos, sus hijos, religión, béisbol y el hecho vergonzoso de que yo no jugaba golf. Parecía que teníamos mucho en qué actualizarnos.

Un mes después, viajé a Nueva York para que me tomaran una foto con Jack para la página de la Nota editorial de la *HBR*. Estaba tan feliz de volver a verlo que, en el ascensor, mi cuerpo temblaba. Cuando entré a su oficina, se me abalanzó radiante con los brazos extendidos. Y después nos saludamos torpemente de mano.

Esa tarde salimos a almorzar, nos confesamos lo que sentíamos y decidimos que, dadas las circunstancias, nada podría pasar entre nosotros.

Pero unas semanas más tarde, algo sucedió.

Así fue como creamos el coctel perfecto para un escándalo: un prestigioso director ejecutivo, casado, saliendo con una mujer mucho más joven, asociada nada menos que con Harvard. Los medios se dieron un festín. Ellos se divertían, pero nosotros no. Aunque Jack y su esposa habían hablado de divorcio y últimamente habían estado viviendo en continentes distintos de manera intermitente, no había forma de ocultar que nuestra relación había empezado antes de que la de ellos se hubiera terminado legalmente. Por ese motivo, y por el revuelo que causó, lamentablemente habíamos permitido que la privacidad de la esposa de Jack fuera invadida.

Yo estaba consternada además por la terrible conmoción que había causado en la *HBR*. Aunque la entrevista que le hice a Jack nunca salió a la luz, algunos integrantes de mi equipo estaban furiosos por lo que había sucedido y lo mal que me había portado. Querían que me fuera. Uno de ellos me dijo con rabia: "Tú misma te hiciste daño al anteponer tu vida personal a tu responsabilidad con la revista".

Tenía toda la razón. Mi decisión de hacer una vida con Jack había creado tal agitación en la *HBR* que yo debía retirarme.

Y entonces, ¿por qué no lo hice? Mirando en retrospectiva esos cuatro meses en que me aferré al trabajo sabiendo que no debía, mi mejor explicación es que los hechos estaban ocurriendo demasiado rápido como para hacer la clase de reflexión que necesitaba con urgencia. Sí, contaba con el 10-10-10 en mi vida. Pero también había periodistas de los medios acampando frente a mi casa. Los reporteros llamaban a mis padres y se aparecían en la entrada principal de la casa de mi ex-esposo. Un fotógrafo me persiguió hasta el consultorio médico donde le harían un examen de estreptococo a Marcus. Los consejos llegaban de todas partes: de Jack, de mis abogados, de colegas, familiares, amigos, compañeros de universidad e incluso de desconocidos en la calle. Un sacerdote se me acercó en el supermercado y me dijo que estaba rezando por mí. Mientras trotaba en la caminadora del gimnasio, tratando de vivir con normalidad en medio del caos, vi un panel de "expertos" debatir en televisión cómo debería manejar mi dilema. También mi instinto gritaba: "¡Renuncia ya!" y, al minuto siguiente, "¡Quédate y pelea!". En medio del ruido y la confusión, el 10-10-10 no me falló. Yo le fallé.

Al final, mi jefe me despidió con las palabras "Nunca volverás a trabajar".

Seguramente, había hablado con el Sr. Scibelli.

Ahora me puedo reír del asunto. Pero la verdad es que había trastocado la vida de mi familia y había puesto la de Jack en la picota pública que tanto aborrecía. Les había hecho daño a colegas que antes consideraba mis amigos. Había sumido a una prestigiosa revista en el caos. Mi despido fue el más desastroso que haya vivido y fue mi culpa.

EL PODER DEL 10-10-10 EN EL TRABAJO

No tuvo que haber sucedido así.

Muchas veces —en realidad casi siempre— las decisiones laborales se pueden analizar a través de un prisma de valores, prejuicios, necesidades o temores; se pueden escudriñar pieza por pieza y con la debida reflexión, y se pueden tomar racionalmente. En ese sentido, no son nada diferentes a los problemas que afrontamos en nuestras relaciones personales. Todas y cada una de nuestras decisiones tienen consecuencias hoy y en el futuro. Necesitamos enfrentar esas consecuencias con franqueza y coraje, y sólo entonces decidir qué tipo de vida queremos llevar.

A partir del incidente en esa pequeña tienda en Cape Cod, he aprendido que el trabajo es capaz de llevarnos a momentos de profunda confusión y conflicto. Pero también he descubierto que el trabajo asumido en forma premeditada puede y logra llenar la vida de sentido, motivación y mucha felicidad. Hoy en día, mi carrera tiene que ver en gran medida con la exploración del ambiente laboral y las formas como la gente asume su trabajo con energía, creatividad, esperanza y pasión.

Porque en el trabajo hay dignidad.

El 10-10-10 ayuda a mantenerla.

CAPÍTULO SEIS

Se puede llegar allá desde acá

Cómo planificar una carrera profesional con el 10-10-10

Estrategia competitiva. Mercados globales. Política monetaria. Esos eran los temas de negocios que Jack y yo esperábamos recibir cuando invitamos por primera vez a la gente a enviar sus preguntas a nuestra columna semanal.

Y sí los recibimos, hasta cierto punto.

Pero recibimos más preguntas sobre dilemas relacionados con una carrera profesional. De hecho, hasta la fecha, la mayoría de los correos que recibimos todavía tienen que ver con la intimidante dinámica de encontrar el trabajo correcto y progresar, una vez que se obtiene.

Jack y yo intentamos responder muchas de las preguntas que nos llegan sobre este tema, pero con frecuencia nos frena el hecho de que cada una es tan individual y dependiente de valores como la persona que la formula.

"Sueño con una carrera en el campo de la música, pero temo que nunca tendré la capacidad económica para pagar una casa, un auto y la educación de mis hijos", dice un correo electrónico típico. "¿Cómo elijo?" Otra corresponsal nos comparte su preocupación: su deseo de éxito profesional la estaba enfrentando a las exigencias de su familia para que ella redujera su nivel de estrés. "¿Por qué nadie en mi casa puede entender que amo mi trabajo?", pregunta. "Quiero viajar. Quiero trabajar hasta tarde. No estoy estresada. Estoy satisfecha".

UNA SALIDA Y UN CAMINO A SEGUIR

Cuando los dilemas profesionales involucran las emociones o se tornan confusos, como suelen hacerlo, el rigor y la disciplina del proceso 10-10-10 nos impulsan a revisar nuestras necesidades, sueños y esperanzas, y las suposiciones que hacen tan difícil encontrar una salida y un camino a seguir. El 10-10-10 es nuestra guía mientras sopesamos opciones y exploramos incógnitas comparándolas con nuestros valores y metas. Igualmente importante, la transparencia del proceso nos ayuda a explicarnos una decisión a nosotros mismos y a cualquier "parte involucrada" que pueda verse afectada por ella.

Hace dos años, Carol Ann, una vendedora de bienes raíces con gran experiencia y madre soltera, se me acercó durante una conferencia en Florida. Era alta, rubia y llevaba un atuendo color amarillo encendido; tenía un estilo imponente, parecía una mujer con mucha decisión. Era el tipo de mujer a la que antes se consideraba la "gran hembra". Su único hijo acababa de dejar la casa para irse a la universidad y por fin, me dijo Carol Ann con una sonrisa, estaba dispuesta a divertirse con sus amigos en lugar de salir corriendo a casa todas las noches después del trabajo.

Sin embargo, la empresa de Carol Ann tenía otros planes. Quería que ella se trasladara de Tampa, donde había vivido y trabajado durante veinte años, a su sede principal en Houston para dirigir el entrenamiento corporativo. El cargo, el prestigio y el considerable aumento salarial asociados con la nueva oportunidad la entusiasmaban. La condición de posible soledad, no.

Por solicitud de Carol Ann, iniciamos juntas el proceso 10-10-10.

En el lapso de diez minutos e incluso durante unas semanas después, Carol Ann sabía que se sentiría eufórica por el ascenso. Disfrutaría la sensación de logro y el alivio de poder saldar el préstamo educativo de su hijo. Incluso la emocionaría buscar una casa en Houston. "Me encantan las gangas", me dijo con una gran carcajada.

El panorama en diez meses era más complejo. "Mi trabajo estará bien pero mi vida social estará muerta. No conozco a nadie en Texas", dijo Carol Ann. "A los diez meses, las noches tranquilas me estarán matando".

¿Y en diez años? Carol Ann hizo una pausa antes de responder. "Para entonces tendré una sólida cuenta bancaria y un buen plan de pensión. Después de las dificultades económicas que he tenido en mi vida, debo decirte que eso me encantaría". Suspiró profundamente y sus sentimientos encontrados hicieron que su rostro se frunciera. "Pero en el proceso habré perdido a todos mis viejos amigos".

"Perderás a unos amigos", le dije más a manera de prueba que cualquier otra cosa. "Eso siempre sucede cuando uno se muda. Pero con tu personalidad, apuesto a que harás muchos otros".

"Es probable", afirmó. "Oye, tal vez incluso conozca a un hombre". Se rió de nuevo.

Su comentario me sorprendió.

"¿Sabes qué? No quiero tener que recortar cupones de supermercado", declaró. "Quiero una jubilación placentera y cómoda. Y quiero este nuevo empleo. Será divertido. No hay mejor vendedora que yo en la empresa. Puedes preguntarle a cualquiera".

Sin embargo, antes de que pudiera felicitar a Carol Ann por tomar una decisión, ella dio marcha atrás. "Sencillamente no puedo dejar a mis amigos", dijo.

Le pregunté si el problema era dejar a sus amigos o *decirles* que pensaba hacerlo. Tal vez temía que su anuncio se interpretara como un "Adivinen qué: me importa más el dinero que ustedes".

"¿Crees que tus amigos van a estar enojados contigo toda la vida?", le insistí. "Algunos podrán entender que valoras tu seguridad económica".

Una sonrisa se empezó a esbozar en el rostro de Carol Ann. "Ya entiendo a dónde quieres llegar", me dijo. "En un año ni siquiera recordaré el día en que les conté". Carol Ann me agarró la mano. "No puedo construir mi vida alrededor del miedo. Voy a aceptar el ascenso", exclamó. "Sabía que lo quería hacer".

El 10-10-10 fue su aliado para estar segura.

El dilema de Carol Ann provino de un conflicto entre la felicidad de su vida actual y la promesa de una nueva vida. Pero hay otros tres asuntos que con mayor frecuencia desencadenan dilemas profesionales. Si pudiéramos clasificarlos, quedarían así: "Me preocupa estar en el trabajo equivocado", "Creo que mi carrera profesional está estancada" y "El desequilibrio entre trabajo y vida personal me está enloqueciendo".

Mi expectativa es que al examinar uno por uno estos detonantes y al sugerirle distintas maneras de verlos, su próximo proceso 10-10-10 sobre su carrera profesional estará más enfocado y mejor informado, y le brindará una solución sostenible apropiada.

¿QUÉ DEBO HACER CON MI VIDA?

Cuando doy conferencias en las universidades, con frecuencia me preguntan cómo decidí ser periodista.

"No estoy muy segura de haberlo *decidido* alguna vez", es mi respuesta habitual. "Sencillamente supe —siempre supe— que no podía hacer nada diferente con mi vida". Como evidencia, confieso que en cuarto grado empecé a llevar un diario en un pequeño libro decorado a mano con una leyenda en la cubierta que rezaba: "Deberé escribir aquí todas las noches como práctica para mi futuro". (Sí, "deberé". ¡Qué mortificante!). Cuando estaba en décimo grado, podía nombrar todos los periódicos que se publicaban en todas las ciudades de Estados Unidos y al llegar a mi primer año de universidad, tenía un afiche de la audaz corresponsal italiana Oriana Fallaci colgado sobre mi cama. Ella era mi modelo de conducta y mi ídolo. Añoraba ser como ella.

Reconozco que me faltó mucho para alcanzar esa meta. Pero aún soy, en esencia, lo que quería ser de niña cuando practicaba para mi futuro en las páginas de mi diario.

Eso me convierte más en la excepción que en la regla. Al escribir sobre la construcción de una trayectoria laboral, he descubierto que la mayoría de la gente finalmente descubre la profesión con la cual se siente bien mediante un proceso mucho más iterativo. Ensayan una línea de trabajo, después zigzaguean por áreas y cargos relacionados, hasta que finalmente aterrizan en un buen lugar.

Desafortunadamente, ese proceso puede tomar una década o más, lo que lleva a la realidad un tanto irónica de que uno por fin descubre "lo que quiere ser cuando sea grande" después de viejo. Para las mujeres, el camino puede ser incluso más largo ya que sus carreras a menudo incluyen paradas y arrancadas, y hacen pausas flexibles debido a la llegada de los hijos.

Dicho esto, es posible agilizar el avance en su trayectoria laboral y llegar a las coordenadas deseadas más temprano que tarde. Pero ese resultado requiere cierta intencionalidad a lo largo del camino.

El 10-10-10 puede ser su guía. No obstante, para agilizar el proceso, le recomiendo considerar primero cuatro preguntas relacionadas con su trabajo. Sus respuestas deben generar los "datos" necesarios para empezar a tomar decisiones llenas de sentido con respecto a su carrera.

¿Mi trabajo me permite trabajar con "mi gente" —aquellos que comparten mi sensibilidad respecto a la vida— o tengo que desconectarme, fingir o convertirme en otra persona para pasar el día? La palabra clave en esta pregunta es "sensibilidad": los valores, comportamientos y rasgos de personalidad que lo hacen sentir que está entre almas gemelas. Si usted comparte la misma sensibilidad con sus colegas, tiende a trabajar al mismo ritmo, a confrontar a los demás sobre temas difíciles con el mismo nivel de intensidad (o falta de ella), y a contar el mismo tipo de chistes en las reuniones. No estoy diciendo que las personas que comparten una sensibilidad sean todas iguales, pero se parecen bastante entre sí.

Nunca olvidaré a esa ráfaga de mujer a quien la gente apodaba "Sunny"; la conocí por medio de mi familia hace unos años. "Cuando me gradué de la universidad, todo lo que sabía era que quería un trabajo en el que pudiera usar tacones altos y llevar un maletín", me dijo. "Para una chica del campo como yo, eso significaba que habías hecho algo con tu vida". Sin pensarlo mucho, Sunny aceptó un cargo como asistente legal.

Dos años más tarde, había renunciado. "Era una tortura", recordó. "Nadie se reía de lo que yo me reía. Nadie pensaba que estaba bien discutir una y otra vez si uno tenía asuntos por resolver. A nadie le gustaba la misma clase de música que a mí".

"No estoy diciendo que fuera un sitio malo", concluyó.

"Sencillamente me di cuenta de que no era *mi* clase de sitio".

El siguiente empleo de Sunny fue en el área de suministro de alimentos y bebidas —al menos no había demandas de por medio— pero cuando el trabajo la empezó a aburrir un año después, renunció. Acto seguido, para poder pagar sus cuentas, aceptó un cargo como gerente de proyecto en una firma de instalación de museos. Casi de inmediato Sunny se dio cuenta de que había dado en el clavo. Le encantaba la creatividad y camaradería propias del trabajo y, por primera vez, le pareció normal quedarse hasta tarde, proponer ideas y conectarse con los clientes. Un ascenso llevó al siguiente y hoy Sunny ha encontrado el éxito en un campo relacionado: la administración de acuarios. Su atuendo para ir a trabajar es simple: camiseta, bermudas y sandalias, y ni siquiera tiene maletín. Lo más importante, dice ella, es que "adoro a la gente con quien trabajo. Estamos de acuerdo sobre lo importante, es decir, sencillamente vemos el mundo de la misma forma".

El hecho es que ningún trabajo ni profesión será el correcto para usted si le exige que trabaje con personas que no comparten sus valores ni lo aprecian tal como es. Pasamos la mayor parte de la vida en el trabajo, un factor digno de tener en cuenta en cualquier dilema relacionado con la carrera profesional. Uno debe sentirse a gusto con sus colegas y sentirse auténtico entre ellos si pretende tener una trayectoria laboral que le agrade.

¿Me hace mi trabajo más inteligente al ampliar mi mente, desarrollar mis capacidades y sacarme de mi zona de comodi-

dad? Sin duda, es atractivo tener un empleo en el cual uno se siente el más inteligente de la clase. Con el tiempo, sin embargo, tal capacidad puede ser un verdadero obstáculo en la carrera. Para sentirse satisfecho hay que seguir creciendo.

La trampa es esta: la gente tiende a ejercer ciertas profesiones y a refugiarse en ellas solo porque tienen habilidad para desempeñarse allí. Los egresados de una carrera relacionada con lenguas pasan a las editoriales. Los graduados en matemáticas van a Wall Street. Mi hermana Elin, que se destacó en ciencias durante la secundaria y la universidad, "naturalmente" siguió esa corriente hasta el posgrado y se convirtió en investigadora médica.

Pero aptitud no siempre equivale a pasión. Hace trece años, cuando tenía cuarenta, mi hermana finalmente admitió frente a sus amigos (sobra decir que frente a nuestros padres) que no quería volver a mirar nunca a través de un microscopio. Abandonó la ciencia y empezó a buscar una auténtica vocación. La halló en la fotografía.

El cambio de carrera fue duro al comienzo. Elin se vinculó con fotógrafos experimentados para aumentar su conocimiento y ahorró para poder asistir a algunos talleres de verano sobre iluminación y técnica. Diseñó volantes y los envió a sus vecinos; laboriosamente buscó nuevas formas de mercadear sus servicios a la comunidad en el área de North Shore en Boston.

Disfrutó cada minuto.

Me complace decir que el negocio de Elin está prosperando y ella también. La moraleja es: Si el análisis 10-10-

10 de su carrera profesional le implica un cambio de rumbo, no se pregunte solamente si tiene las habilidades necesarias. Pregúntese: "¿Disfrutaré el reto de desarrollar nuevas habilidades?".

¿Mi trabajo me abre puertas? Por contradictorio que parezca, se puede estar bastante seguro de tener el trabajo correcto si éste ofrece la posibilidad de otro trabajo en otra parte. Eso se debe a que, por definición, una trayectoria profesional no tienen callejones sin salida. Consta de oportunidades que conducen a otras oportunidades.

Cuando dicto clases en Babson College, a veces se me acercan estudiantes de último año que están usando el 10-10-10 para decidirse entre dos ofertas laborales. Recuerdo a Kristin, una estudiante que llegó a nuestra reunión con una lista cuidadosamente preparada de pros y contras para ambas opciones y una expresión de total desesperación en el rostro. "Estoy atascada", explicó. "Uno de los empleos sería provechoso durante los próximos uno o dos años, es una microempresa que está despegando. El trabajo es divertido y la gente es estupenda, pero es posible que la compañía no sobreviva. La otra compañía tiene una gran reputación, excelentes programas de entrenamiento y muchas posibilidades de ascenso. En el marco de diez años, tiene mucho más sentido para mí. Todo es tan incierto que no sé qué hacer".

Le recordé a Kristin que toda solución 10-10-10 depende de los valores de la persona que está realizando el proceso, pero eso no pareció ayudarla. Dijo que ambas opciones le ofrecían lo que ella quería de la vida: un reto intelectual, trabajo en equipo y suficiente dinero para mantenerse bien.

Presioné a Kristin a reflexionar con mayor profundidad sobre los valores de su carrera. "Bueno, no me importan mucho los nombres de los cargos ni el prestigio", dijo finalmente. "Prefiero tener responsabilidad en lugar de autoridad". Resulta que Kristin soñaba con tener una hoja de vida llena de experiencia en pequeñas empresas en las cuales pudiera tener un verdadero impacto y, ojalá también, hacerse dueña de una parte de la empresa.

"¿Cuál oportunidad te abre esas puertas?", le pregunté, pero ambas ya sabíamos la respuesta. Poco después Kristin aceptó la oferta de la empresa en formación.

La época en que se tenía una carrera profesional en una sola empresa está desapareciendo rápidamente. Así que cuando usted evalúe sus opciones utilizando el 10-10-10, asegúrese de que cada empleo que contemple al menos le ofrezca la oportunidad de pasar a otro.

¿Mi trabajo le da sentido a mi vida? Todas las vacaciones, cuando mis hijos vuelven de la universidad y empezamos a seleccionar sus materias para el siguiente semestre, siempre llegamos a la pregunta: "¿Qué debo hacer con mi vida?". Y todas las vacaciones tengo que recordarles a mis hijos que nadie ha construido jamás una gran carrera profesional haciendo lo que no le gusta.

"Hagan lo que les apasione", les digo, "que el resto llegará por añadidura".

"Claro, mamá, claro", dicen, sin hacerme caso, "pero ¿no es cierto que la industria de la biotecnología está de moda?"

"Lo está", intento decirles, "para las personas a quienes les gusta la biotecnología".

El empleo perfecto —y la carrera perfecta— son perfectos solo si a uno lo hacen feliz. Debe haber algo del trabajo —la emoción de cerrar un gran negocio, la felicidad de alcanzar un objetivo con los colegas, la satisfacción de ser el mentor de un recién ingresado o de ayudar a un cliente— que nos emocione de verdad. Hay que sentir que el trabajo tiene importancia, que nos llena el alma.

Recuerdo el primer escalón de mi carrera profesional: mi trabajo como reportera del *Miami Herald*.

Para una aspirante a ser otra Oriana Fallaci, no había mejor lugar para ser reportera que Miami durante la década de 1980. En 1981 y 1982 la ciudad se vio envuelta en disturbios cuando los residentes de los sectores de Overtown y Liberty City protestaron por la absolución en juicio de los agentes de policía blancos que habían sido acusados de violencia motivada por racismo. Los incendios y saqueos fueron tan severos que la Guardia Nacional se desplegó y se declaró un toque de queda. En 1983, Miami fue sitiada por miles de refugiados, en su mayoría criminales recién liberados de cárceles cubanas por Fidel Castro. Entretanto, los traficantes de cocaína se enfrentaban a bala a plena luz del día en las esquinas.

La ciudad no era una zona en guerra total, pero estaba cerca de serlo.

¡Ser reportera en ese entonces! Recuerdo haberme puesto un chaleco antibalas mientras hacía un reportaje; ese hecho, dada mi falta de experiencia, me llenó de orgullo. Una noche mientras nos acercábamos sigilosamente a un laboratorio de procesamiento de cocaína en Perrine con un equipo especializado en intervenciones peligrosas, un policía novato me dio un revolver y me dijo: "Puede llegar a necesitarlo". Recuerdo una mañana cuando me despertó el ruido de tanques del gobierno federal que rodaban por mi tranquila calle residencial en Coconut Grove; no pensé "¡Auxilio!", sino "¡Aleluya!" Había tanto sobre qué escribir. No todo era emocionante, por supuesto. A muchos de los antiguos residentes de Miami, la implosión de la ciudad les generó miedo y tristeza; para los residentes de las zonas de los desórdenes, la violencia cobró un precio alto. Yo también quería oír sus historias, quería relatarlas con todos sus detalles conmovedores. Mi trabajo me dio ese regalo y esa gran oportunidad.

Han pasado casi treinta años pero no he olvidado lo sucedido en Miami. La vivencia me enseñó cómo lo debe hacer sentir a uno una carrera. Con el tiempo también aprendí que no se puede, y no se debe, aplicar el proceso 10-10-10 a cualquier dilema profesional o laboral sin tener en cuenta el "factor placer" de cada opción.

MIRAR MÁS ALLÁ DEL HORIZONTE

Tengo un amigo que toma clases de aviación y cada vez que expreso el terror que me produce esa idea de diversión, él le resta importancia con una carcajada. "En realidad es muy fácil volar, Suzy", dice. "Solo hay que mantener la nariz del avión por encima del horizonte".

Lo mismo sucede con las carreras profesionales. Para

mantenerse, hay que tener la mirada muy en alto. Y hay que poner atención cuando la nariz empieza a bajar, cuando se pierde un ascenso, cuando la bonificación no aumenta, o cuando el jefe deja de invitarlo a reuniones importantes. En esos casos, casi siempre hay algo que anda mal. Algo está estancado.

Si usted es usuario del 10-10-10, antes de que lo note le aplicará la metodología al dilema, "¿Me quedo o me voy?"

Al hacerlo, sin embargo, es muy fácil caer en los sentimientos de rechazo, confusión y ansiedad que genera el momento. Al fin y al cabo, no hay nada tan desconcertante como tener la ligera sospecha de que todos están al tanto de algo excepto uno mismo. Para sobreponerse a las emociones se requiere cierta fuerza de voluntad. Es necesario detenerse, dar un paso atrás y acordar con uno mismo que hay trabajo por hacer antes de tomar una decisión.

Identificar el origen del estancamiento puede parecer bastante fácil, pero he encontrado que mucha gente le echa la culpa de su situación a la economía, a un mal jefe, a un colega conspirador o a un sinnúmero de factores externos. De hecho, puede haber circunstancias atenuantes, pero antes de hacer un ejercicio 10-10-10 significativo con respecto a un estancamiento profesional, hay que determinar si las propias conductas también pueden estar implicadas.

La dura realidad es que nuestra trayectoria profesional rara vez se estanca cuando nos estamos desempeñando bien. Y no me refiero solamente a desempeñarse al nivel esperado sino por encima de él. Para bien o para mal, lo que nuestros jefes quieren, necesitan y esperan en los momentos competitivos es un desempeño sobresaliente. Así que si usted se da cuenta de que su "nariz" está bajando en el trabajo, es necesario que tenga un franco diálogo interno o con un colega de fiar con respecto a sus resultados. ¿Qué tan buenos son *realmente*?

Por desgracia, rara vez sabemos la respuesta hasta que es demasiado tarde. Y hay una razón irrefutable: la mayoría de los gerentes no tienen las agallas o el tiempo —o ambos— para decirle a sus empleados cuál es su situación.

Me declaro culpable.

Dave fue la primera persona a quien despedí. Él había trabajado en nuestra compañía durante muchos años antes de mi llegada; después de que me ascendieron y me convertí en su jefe, parece que Dave nunca llegó a sentirse cómodo con mi autoridad. En cuanto a su desempeño, inicialmente fue adecuado pero se empobreció con el tiempo. Era politiquero, conflictivo e improductivo. Finalmente, decidí que debía seguir su camino.

Mirando hacia atrás, me pregunto cómo pude esperar que Dave recibiera la noticia con tranquilidad. Él no tenía idea de lo que pasaba porque yo nunca le había dicho cómo iba en su trabajo.

Las secuelas del despido de Dave fueron todo un lío. Me gritó en una reunión, lideró una campaña entre sus colegas para ser contratado nuevamente y luego amenazó con demandar a la compañía a menos que recibiera una indemnización sustancial en efectivo (al final, llegamos a un acuerdo).

Si su carrera profesional parece estar estancada, intente precisar la fecha y el contenido de su última verdadera revisión de desempeño. No asuma que lo está haciendo bien porque su jefe no le ha dicho lo contrario. Y recuerde, no haga un 10-10-10 sobre la decisión de quedarse o irse hasta que reciba la retroalimentación sincera que necesita sobre su desempeño. Solo entonces podrá decidir si su estancamiento es reversible o si retirarse es la única esperanza.

Además de un desempeño problemático, nuestras carreras tienden a estancarse por otras dos razones: tenemos una mentalidad equivocada sobre el liderazgo o sufrimos de una reputación preestablecida.

DE HÉROE A VILLANO

Es evidente que no todo el mundo puede ser líder, pero si hay algo que he aprendido con el paso del tiempo es que la mayoría de las empresas quieren que sus empleados *demuestren* capacidades de liderazgo. Es por eso que si empezamos a dar señales de no ser personas capaces de hacerse cargo —al menos, algún día— corremos el riesgo de que, lenta pero seguramente, nos hagan a un lado y después nos despidan.

¿Cómo es una persona que puede hacerse cargo? No hay un perfil universal de liderazgo. Algunas empresas quieren que sus líderes sean expertos técnicamente; otras desean que tengan amplia experiencia; otras prefieren que sus líderes tengan ciertos títulos académicos. Pero prácticamente todas las empresas saben que los líderes más efectivos comparten un mismo rasgo: entender que el éxito de la compañía no depende de ellos sino del trabajo en equipo. Ser buen líder significa brillar gracias al reflejo de la gloria de la gente que trabaja para uno. Ser buen líder significa creer sinceramente que es más divertido ver crecer a la gente que sentir acariciado el propio ego.

Hace unos tres años Jack y yo recibimos un conmovedor correo electrónico enviado a nuestra columna por un hombre que firmaba su nota como "De héroe a villano". Se trataba de un "mago de los números" que trabajaba para una compañía financiera; su carrera había avanzado rápidamente en seis años durante los cuales su salario nunca había dejado de crecer.

Pero entonces sucedió algo extraño, decía nuestro corresponsal. Se cansó de procesar números. Quería ser líder. Entonces pidió la gerencia de un departamento de la compañía.

"Debes estar bromeando", le contestaron sus jefes.

"Me dijeron que a mí no me interesaban las ideas de mis colegas y que nunca me preguntaba cómo podría ayudarlos a mejorar", escribió. "Me dijeron que mis resultados eran excelentes y que, si así lo deseaba, podía tener mi trabajo de por vida pero que nunca iba a ascender".

"De héroe a villano" nunca nos volvió a escribir para contarnos el siguiente capítulo de su historia, pero apuesto a que sigue siendo un mago de los números en algún lugar, a menos que su mentalidad haya cambiado radicalmente.

De nuevo, no todo el mundo puede o quiere ser líder. Pero si usted está en medio de un proceso 10-10-10 porque su carrera está estancada, vale la pena que se pregunte cómo lo perciben los demás. Si su empresa no considera que usted puede ascender, puede estar preparando su salida.

ATASCADO EN SU ANTIGUO YO

También existe el estancamiento profesional que ocurre cuando tenemos una reputación, merecida o no, de la cual no nos podemos deshacer. Tal vez nos equivocamos por completo en una responsabilidad que nos asignaron años atrás, o estuvimos involucrados en un proyecto o producto que fracasó, o fuimos contratados por un gerente que posteriormente salió de la compañía en medio de una gran controversia. En casos como estos estamos salpicados por una actividad previa o una asociación.

Pero a veces nuestra reputación tiene que ver con algo menos concreto: expectativas limitadas.

Jody era hija de un camionero y de la administradora de un restaurante; fue la primera persona de su familia que asistió a la universidad y aún considera que el día de su graduación es el que más la ha llenado de orgullo en su vida. Obtuvo su título en contabilidad con un buen promedio académico y poco después obtuvo un trabajo como contadora en una ensambladora de máquinas en Ohio.

Durante cinco años, Jody cumplió a cabalidad con sus responsabilidades; según su gerente, aportó energía, intuición y soluciones creativas a su trabajo. Sus colegas la apreciaban; era considerada un miembro del equipo que valoraba la honestidad y el trabajo arduo.

Eso explica por qué Jody se sintió perpleja al no recibir el pequeño ascenso para el cual se había postulado dentro de su departamento. Buscó a su jefe y le preguntó la razón. "Sé que puedo hacer el trabajo", insistió.

"Yo también lo sé", asintió su jefe. "Pero ese cargo es para alguien que tenga una maestría en administración de empresas".

Sin inmutarse, Jody regresó a trabajar con mayor determinación y empezó a cursar la maestría por su cuenta. Dieciocho meses después, título en mano, se postuló otra vez para un ascenso y nuevamente fue rechazada. Quedó destrozada.

"No entiendo", dijo al confrontar a su jefe. "Obtuve el título que usted quería".

Su jefe no le dio una buena respuesta, al menos, no una que ella pudiera aceptar.

He visto suficientes casos como el de Jody para saber que ella fue "víctima" de su reputación. Para la compañía, ella siempre sería una contadora, con o sin una maestría.

Con el tiempo, Jody hizo buen uso de sus estudios avanzados en otra empresa donde vieron sus títulos, habilidades y potencial con otros ojos.

Este es un final feliz que vale la pena recordar si usted se encuentra en un dilema profesional en el cual el proceso 10-10-10 lo lleva a darse cuenta de que está estancado porque usted ha cambiado, pero su reputación no.

EL MITO DE TRABAJO Y VIDA PERSONAL

Una última fuente de angustia en la vida profesional —y tal vez la de mayor carga emocional— es el desequilibrio entre el trabajo y la vida personal. Piense en el caso de Lynne Scott Jackson, cuyos sueños de un nuevo negocio estaban empezando a hacerse realidad cuando sus padres repentinamente exigieron su atención y cuidado. O recuerde a Jackie Majors, la ejecutiva corporativa de alto nivel que se sintió motivada a utilizar el 10-10-10 por el distanciamiento con su joven hija. El 10-10-10 les mostró a ambas mujeres las consecuencias de sus opciones en tres lapsos de tiempo y las ayudó a encontrar una solución que satisfacía sus más profundos deseos y necesidades.

Esos deseos y esas necesidades, casualmente, eran bien distintos. Lynne quería más trabajo en su ecuación de equilibrio entre trabajo y vida personal. Jackie, menos.

¿Cuál es mi punto? Que no se puede aplicar el 10-10-10 a un dilema de trabajo y vida personal si no se tiene clara la importancia relativa de los valores. Porque el equilibrio es un mito. Cuando hay conflictos entre el trabajo y la vida personal, hay que sacrificar una cosa por otra. Por eso prefiero el término "opciones de trabajo y vida personal". Si usted valora el logro profesional y la riqueza, de hecho está *optando por* dedicarle más tiempo al trabajo que a las demás actividades. Si lo que más valora es estar siempre al lado de sus hijos mientras crecen, de hecho está *eligiendo* no ser el director ejecutivo de una compañía. Ascender en la escala corporativa exige disponibilidad ilimitada y compromiso incondicional. Ser una madre siempre presente, también.

Uno no puede tenerlo todo al mismo tiempo.

Pero si usted cree que este punto es obvio para todo el mundo, o incluso ampliamente aceptado, se sorprendería.

Una y otra vez me he encontrado con mujeres que se esfuerzan por hacer un 10-10-10 creyendo que este proceso tiene la capacidad mágica de poner sus vidas en perfecto "equilibrio": un excelente empleo, unos hijos maravillosos, un matrimonio feliz, vacaciones divertidas y muslos tonificados.

Siempre les digo que hay que ceder en algo. Elimine dos de esas metas. O sea realista y elimine tres. Pongo mi propio caso como evidencia. Durante los años en que mi prioridad era construir mi carrera en *HBR*, falté a muchas obras de teatro en la escuela de mis hijos, a sus sesiones de patinaje sobre hielo y no estuve presente en muchas noches de tareas. Con frecuencia la cena era perros calientes y tajadas de manzana. Y definitivamente, mis muslos no estaban tonificados.

Estaba viviendo de acuerdo con un conjunto de valores que había elegido conscientemente, y por lo tanto, tenía que asumir las consecuencias.

Seguramente podría haber culpado a mi compañía por alejarme de mi familia. Pero sabía que los negocios existen para hacer dinero, no para hacer placentera mi vida. Pude haber culpado a la sociedad por no hacer que los hombres lleven la mitad de la carga de la crianza de los hijos. Pero, ¿por qué estar furiosa con un sistema que tiene miles de años y está basado en la realidad biológica de que las mujeres tienen los hijos?

Supongo que fui realista. Aún lo soy. Por eso, cuando se trata de dilemas profesionales con respecto al "equilibrio" trabajo y vida personal, lo insto no solo a pensar en sus valores sino a asignarles prioridades. Solo así su ejercicio 10-10-10 reflejará las concesiones con las cuales usted ha escogido vivir.

VAMOS A DISNEYLANDIA

¡No quiero parecer severa! Sé muy bien que esos diez o quince años en que usted intenta ser todo lo que puede ser en la oficina y en la casa pueden parecer una serie ilimitada de pequeñas agonías. Sé que puede haber sucesiones interminables de días y semanas en las que siente que sus decisiones no hacen completamente feliz a nadie, en especial, a usted.

También sé muy bien que las madres profesionales viven cada día con un constante diálogo interno y una permanente toma de decisiones salomónicas. El 10-10-10 puede ayudar, pero incluso con ese apoyo muchas decisiones sobre la relación trabajo y vida personal conllevan una buena dosis de desilusión. Quiero ser sincera al respecto. El 10-10-10 es la mejor herramienta que conozco para ser padres; he visto su riqueza y efectividad más veces de las que recuerdo. Pero ciertamente no hará que desaparezcan sus conflictos entre el trabajo y la vida personal; le ayudarán a entenderlos, a lidiar y a reconciliarse con ellos.

Bárbara, una ejecutiva del sector comercial en la costa oeste, se casó cuando tenía veintitantos años pero ella y su esposo, un neurólogo, nunca tuvieron el tiempo ni la voluntad para tener hijos mientras avanzaban en sus carreras profesionales. Justo después de que Bárbara cumplió cuarenta y cinco años, le dio un ataque de "fiebre de bebé", como ella misma lo expresa. "Tanto John como yo nos dimos cuenta de que faltaba algo inmenso en nuestras vidas. Nos teníamos el uno al otro, pero queríamos desesperadamente una familia. Fue como haber despertado".

Tras un año de buscar el embarazo de Bárbara, la pareja decidió adoptar un recién nacido de la China. No tenían sentimientos encontrados. "Un hijo es un hijo, y todo hijo es una bendición", me dijo Bárbara. Pero el proceso retrasó otro año el sueño compartido de tener una familia. Finalmente, la pareja viajó a Beijing a recoger a Amy, su nueva hija.

En el vuelo de regreso a Estados Unidos, sin embargo, Bárbara empezó a tener náuseas. Siguió sintiéndolas durante tres semanas después de llegar a casa; eran náuseas de embarazo. A los siete meses, nació otra hija a la que bautizaron Jesse y pusieron una segunda cuna en la habitación de Amy.

Los años siguientes fueron un continuo acto de malabarismo para John y Barbara, que intentaban adaptarse a su nuevo rol de padres en medio de sus respectivas carreras y al impacto de tener dos hijas en el lapso de un año. Adoraban a las niñas; eran felices. Pero se sentían constantemente agotados. John se cambió de hospital para estar más cerca de casa y se pasó al horario más predecible de la unidad de emergencias. Bárbara aprendió el delicado arte de lidiar con niñeras. Para poder pasar más tiempo con sus hijas por la mañana, empezó a ir a la oficina los sábados por la noche a hacer trabajo administrativo.

Finalmente, cuando las niñas tenían cinco y seis años, Bárbara y John decidieron que necesitaban sentirse normales; necesitaban unas vacaciones en Disneylandia.

Como buena empleada corporativa, Bárbara avisó a sus jefes, con seis meses de anticipación, la fecha de su semana libre. Entretanto, en casa, ella y John empezaron a pasar más tiempo frente al computador planeando cada minuto del viaje. Habría desayuno con Campanita, almuerzo con Cenicienta, intercalados con visitas a la Montaña Espacial y al Pequeño Mundo.

Pero una semana antes del viaje, la jefe de Bárbara —una mujer como de su edad— le envió un seco correo electrónico. El presidente de la compañía venía de visita; las vacaciones de Bárbara tendrían que esperar.

Conteniendo todo su asombro e ira, Bárbara se dirigió a la oficina de su jefe, a unas puertas de distancia. "Sencillamente no puedo cancelar mi viaje", dijo, aparentando estar serena. "Se lo prometí a las niñas".

Su jefe la observó con frialdad. "¿Crees que llegué a donde estoy en esta compañía sin hacer sacrificios?", le preguntó. "¿Crees que solo porque tienes hijas pequeñas estás exenta? Te cuento que los hombres también tienen hijos pequeños".

La ejecutiva revisó su Blackberry y después volvió su atención a Bárbara. "Hoy en día, mis hijos tienen diecinueve y veinticuatro años", dijo. "Son adultos sanos y felices. Y yo trabajé cincuenta horas a la semana todos los años de sus vidas".

Esa noche en casa, Bárbara le entregó el problema al 10-10-10. Primero revisó sus valores. No solo amaba su trabajo; sino que era quien aportaba los mayores ingresos en su familia. Pero había iniciado su maternidad tan tarde en la vida, se dijo a sí misma, que no podía perderse ningún instante. Por encima de todo, quería que las niñas la conocieran como persona, no como un ciclón que pasaba velozmente por sus vidas. Ella también quería conocerlas, no solo cuando estuvieran en problemas y ella *tuviera* que estar presente, sino también en los momentos inesperados.

En el marco de diez minutos, cualquiera de las dos opciones la dejaba con una crisis entre manos: un jefe decepcionada o un par de niñas desanimadas.

El panorama de diez meses tenía más matices. Bárbara sentía que su jefe podría eventualmente ceder en su posición inflexible. "Ella sabía, detrás de toda esa bravuconada, que yo había puesto mi cuota a lo largo del camino", me dijo Bárbara. "Yo tenía algunos ases bajo la manga. Había cancelado muchas vacaciones antes. De hecho, probablemente tenía suficientes argumentos para regresar donde ella y presentarle un sólido alegato sobre mis antecedentes de 'sacrificio'. Mi jefe no podía utilizar un incidente para caracterizarme".

Por otro lado, el razonamiento de Bárbara fue que en diez meses el impacto de la decisión de no viajar estaría aún retumbando en casa, mientras las niñas seguían conviviendo con el hecho de que el trabajo de mamá siempre estaba primero que ellas y que sus promesas no eran confiables.

En el marco de diez años, calculó Bárbara, ella y John tendrían sesenta y dos años, estarían a tres años de jubilarse y las niñas serían adolescentes. En ese momento, se preguntó, ¿no valdrían la confianza y la cercanía con sus hijas más que terminar su carrera un peldaño más arriba?

La familia viajó a Disneylandia, tal como estaba planeado.

Una semana después, Bárbara regresó a la oficina y encontró un mensaje electrónico de su jefe en el que le informaba que la reunión con el presidente había salido bastante bien; le sugería, además, formas para hacer un seguimiento inmediato con él respecto a ciertas iniciativas estratégicas.

"Admito que sentí verdadero remordimiento cuando leí el mensaje. Pensé: 'Me equivoqué'", me dijo Bárbara. "Pero entonces recordé cómo había llegado a mi decisión, con los ojos bien abiertos. El 10-10-10 me ayudó a lavar mi culpa".

Tomó nota de la solicitud de su jefe y retomó su vida.

EL LAMENTO DE OLIVIA

Hace unas noches, mientras escribía una columna, levanté los ojos y vi a Sophia parada frente a mi escritorio junto a una bella muchacha. Debí parecer confundida porque Sophia estalló en risa. "Mamá, vamos, ¡es Olivia!", exclamó.

Claro que era ella. Solo tenía que abrir bien los ojos para ver a la pequeña hija de los vecinos, a quien había querido mucho y no había visto en varios años. Resulta que ahora era una estudiante universitaria tratando de escoger una carrera, y después de una noche de conversación con Sophia sobre su confusión, habían decidido pedirme consejo.

"Sra. Welch, me estoy enloqueciendo con esto", dijo Olivia. "Quiero hacer una buena carrera, algo importante y emocionante, que no sea superficial. Pero no sé en qué".

Me encantó lo de "no superficial", pero eso no fue lo que más me impactó del lamento de Olivia. Me di cuenta de que estaba enfrentando su primer dilema profesional. Sabía que si ella era como nosotros, con seguridad tendría muchos más.

Se lo dije.

"Yo quiero ser como usted", protestó de inmediato.

Me conmovió su voto de confianza. La verdad es que tal vez supe lo que quería ser cuando grande mucho antes de crecer; pero cuando finalmente crecí, todavía tenía momentos de confusión y hasta de desesperanza relacionados con mi carrera. Me fui de Miami con el corazón partido en dos: por un lado lleno de tristeza por dejar el trabajo que amaba, y por el otro emocionada por la carrera profesional que pensaba que podría construir en Boston. Mientras estaba en la puerta despidiéndome de mis colegas, con el auto atiborrado de todas mis pertenencias terrenales lista para viajar al norte, recuerdo haber tomado un largo y último aliento de aire tropical preguntándome por qué no podía invocar un poco del coraje de

Oriana cuando más lo necesitaba. Todavía estaba llorando cuando crucé la frontera de Georgia.

No importa cuál sea la carrera que escojas, le dije a Olivia, siempre tendrás dilemas profesionales. Y los resolverás, si entiendes de dónde vienen y te comprendes a ti misma.

CAPÍTULO SIETE

Educar bien a los hijos

El 10-10-10, un aliado en la tarea de ser padres

Cuando Marcus tenía cinco años, sin ningún motivo aparente un día me dijo: "Cuando sea grande, mamá, no te voy a decir dónde vivo". No había huella de mala intención en sus palabras; aún recuerdo la sonrisa inocente en su rostro al proclamar encantado su emancipación. Pero aun así me sentí herida. Había pasado todos los días de la vida de Marcus cultivando amor en su adorable y pequeño corazón, para venir a descubrir en la forma más casual que la retribución podría no ser su dedicación de por vida.

Recuerdo que en ese momento pensé: "Esto de ser madre se complica minuto a minuto".

Así es, ciertamente.

Después de veinte años en el cargo, afirmaría que ser padres es la tarea más complicada del mundo. Lo puede reducir a uno a la mínima expresión; lo puede enfurecer o humillar; le puede romper el corazón; lo puede llenar de sentimientos de cercanía, orgullo y felicidad tan profundos que uno no sabe qué hizo para merecer tal bendición.

No creo que la educación de los hijos pueda llegar a ser fácil, pero al aportar mayor claridad, regularidad y calma, el 10-10-10 lo puede aliviar al liberarlo de remordimientos y dudas, y al ayudar a construir la confianza que debe existir entre padres e hijos. En resumen, el 10-10-10 reduce significativamente los días en que uno siente que ser padre es errático y abrumador, y aumenta los momentos en que uno siente "Soy el padre/madre que quiero ser y gracias a Dios parece estar funcionando".

Lo mejor de todo: el 10-10-10 puede hacer mucho más divertida la vida familiar. De hecho, considero que el proceso es responsable de una de mis más grandes carcajadas. Ocurrió un día cuando mi adorable Marcus se había convertido en un fornido muchacho de dieciséis años. Esa tarde, mientras caminábamos de regreso a casa después de un entrenamiento de natación, de repente se volteó hacia mí y sin ningún motivo aparente me abrazó. "¿Sabes, mamá?", dijo. "Cuando me case, podrías mudarte a mi casa y criar a mis hijos. Eso sería buenísimo".

MAMI EN EL MEDIO

Empecé a aplicar el 10-10-10 a las decisiones sobre la educación de mis hijos poco después de regresar de Hawái, todavía recordando el incidente de la falda de hula-hula, y desde entonces no he dejado de hacerlo. Uno de los primeros casos en que usé el proceso sigue siendo mi favorito. Una mañana, no mucho después de haberme convertido en madre divorciada, prometí a los chicos que llegaría a casa a tiempo para preparar la cena y, lo más importante, para ver nuestra comedia favorita: *Malcolm in the Middle*. A los chicos les encantaba ese programa porque el joven y astuto Malcolm siempre terminaba consiguiendo lo que quería de la vida, a pesar de la interferencia de su excéntrica familia. A mí me gustaba porque la madre de Malcolm ocasionalmente sufría de ataques de "furia nivel 5", que sus niños consideraban adorables.

Pero esa noche en la oficina, mientras estaba cerrando mi maletín, mi jefe me alcanzó. "Malas noticias: la nota sobre Carter acaba de irse a pique", me dijo. "Necesito que te quedes hasta tarde".

"¿Qué tan tarde?"

"Un par de horas más", respondió con tono de disculpa. "Lo siento, pero es una emergencia".

En ese momento de mi vida, tenía realmente muy claros mis valores como madre. Creía firmemente que mi principal obligación era enseñar a los niños la bondad como un rasgo esencial, es decir, compasión, honestidad y autenticidad. También creía que los hijos se benefician cuando sus padres llevan una vida feliz y plena, razón por la cual necesitaba trabajar tiempo completo. Mi otro valor como madre era el respeto mutuo. Algunas madres pueden esforzarse por ser amadas u obedecidas. Yo quería construir una familia que pudiera dialogar.

En el marco de tiempo de diez minutos, quedarme en

la oficina significaba que habría diálogo pero también fuertes quejas y lamentos: "¡Lo prometiste, Mamá!" o "¿Por qué el trabajo siempre está primero?". Por otro lado, quedarme en la oficina solo generaría una reacción positiva de mi jefe al ver mi disponibilidad en un momento crítico.

¿En diez meses? Bueno, para ese momento sabía que se acercaba mi evaluación de desempeño y podía estar bastante segura de que mi jefe aún tendría presente el recuerdo de mi apoyo cuando lo necesitaba. En casa, los chicos y yo estaríamos viendo la continuación de *Malcolm* y el episodio de mi ausencia se habría borrado de sus mentes gracias a mi cambio de comportamiento, ahora un historial bastante regular de compañía y unos ataques relativamente escasos de furia nivel 5.

En diez años, mi decisión era irrelevante. Quedarme en la oficina o irme a casa, en cualquiera de los dos casos, una elección sin importancia respecto a una noche sin importancia no tendría impacto en el gran esquema de las cosas.

Mi dilema se volvió trivial. El futuro previsible de mi vida profesional se imponía sobre los deseos urgentes de mis hijos y tal vez incluso les recordaría que el mundo no gira alrededor de su satisfacción continua, lo cual, desde mi punto de vista, no era una lección del todo mala. Volví a la oficina y le dije a mi jefe que contara conmigo por el tiempo que fuera necesario. "Un millón de gracias, Suzy", fue su respuesta agradecida.

Entonces llamé a casa para avisar. El estallido fue tal como lo había predicho pero terminó en cuestión de cinco minutos; finalizó justo después de que le pedí a la niñera que pusiera el altavoz del teléfono y les expliqué a los niños mi raciocinio 10-10-10. Hubo un momento de silencio y después un coro de pequeños "Mmm" y "Está bien". Sophia incluso prometió contarme a la mañana siguiente lo sucedido en el capítulo que me perdería.

VOLVERSE ESTRATÉGICO

Poco después de ese incidente, empecé a mencionar el 10-10-10 a mis amigas también madres profesionales, y ellas fueron las primeras en adoptarlo. Una de ellas lo empleó para decidir si debía aceptar la petición de su hijo de retirarse de un programa extracurricular de ciencias; otra lo usó para analizar un conflicto que tenía con su hija adolescente acerca de sus planes para las vacaciones. El 10-10-10, me dijeron estas madres y otras como ellas, sencillamente hace que las espinosas decisiones que deben tomar los padres sean más sencillas y eficientes.

Con el tiempo he venido a darme cuenta de que el atractivo inmediato del 10-10-10 como estrategia para la educación de los hijos tiene que ver con su capacidad fiable para frenar las decisiones que se toman instintivamente. Cuando se es padre, algunas decisiones dan tiempo para reflexionar pero muchas, no. ¿Podemos llevar el auto a la fiesta? ¿Puedo pasar la noche en casa de John? ¿Me prestas dinero para ir al centro comercial con mi amigos? Los hijos no hacen preguntas así con una semana de anticipación o en circunstancias que propicien el pensamiento lúcido. Estas preguntas generalmente se plantean en el momento, frente a un grupo de amigos presentes. Con la misma frecuencia, los chicos le piden a uno que se apure y tome una decisión importante cuando estamos distraídos. Mis hijos, por ejemplo, han perfeccionado el arte de pedir permiso cuando estoy hablando por teléfono, cuando voy retrasada o estoy a punto de subirme al auto.

Por suerte, se puede hacer un análisis 10-10-10 en el mismo tiempo que toma dudar o vacilar y finalmente ceder. Y se puede exponer el razonamiento que subyace a la decisión en el mismo tiempo que toma anunciar una decisión visceral junto con todas las condiciones y advertencias. ¿Recuerda a Natalie, la madre de familia que estaba tratando de decidir si debía asistir al funeral de su tío? Uno de sus hijos la estaba presionando para que lo llevara a la práctica de fútbol, el otro necesitaba transporte para ir al ortodoncista y todos sus instintos le decían que claudicara ante la logística. Pero en menos de dos minutos, Natalie tomó una decisión más razonable. Si pretendía enseñar a sus hijos los valores de la responsabilidad y el respeto, tenía que demostrar dichos valores con sus actos. Y asistió a la misa.

Al igual que con los problemas del amor y los laborales, el 10-10-10 pasa por encima de nuestros sesgos neurológicos automáticos e interrumpe el pensamiento cíclico cerrado que con tanta frecuencia acompaña las situaciones estresantes de la crianza. Ese fue el caso de Paula, a quien su hijo le rogaba que lo cambiara de colegio. La metodología 10-10-10 le abrió la mente al consejo dado por una fuente improbable: un taciturno profesor de matemáticas.

Finalmente, al impulsarla a escuchar a alguien que no le caía bien, el 10-10-10 ayudó a Paula a llegar al fondo del verdadero conflicto de Hooper.

LA PALABRA QUE EMPIEZA POR C

Pero el 10-10-10 transforma las decisiones sobre la educación de los hijos por otra razón: es un antídoto contra el sentimiento asociado culturalmente con la maternidad, ese conjunto de opiniones y directrices que inevitablemente infunden duda en nuestra mente y sentido de culpa en nuestra vida.

De allí la palabra que comienza por c: culpa.

Si usted es padre de familia y no tiene un principio definido de operación como el 10-10-10, la culpa puede ser su compañera constante.

Eso se debe en gran parte a que hoy en día, la sociedad estadounidense esté enfrascada en un álgido debate sobre la forma correcta de educar a los hijos, en el cual la principal división es si las madres deben quedarse en casa, o trabajar, o ambas. La llamada Guerra de las mamás ha generado una industria casera de libros y artículos, pero tal vez donde más se ha desarrollado es en el enfrentamiento entre *blogs* de mamás, una de las comunidades más activas en Internet. Por lo que he observado, algunos de estos *blogs* son totalmente neutrales y sirven de punto de encuentro virtual para el intercambio amistoso de consejos sobre la crianza. Pero hay otros que se han politizado maliciosamente dando lugar a una especie de foro público electrónico en el cual las madres se atacan entre sí por sus respectivas elecciones sobre el balance entre el trabajo y la vida.

Sin embargo, no hay que ingresar a Internet para entrar en la discusión. Nunca olvidaré una reunión a la que asistí en la cual una ama de casa (que llamaré Lilian) se enojó tanto con una historia que yo estaba relatando que me interrumpió bruscamente con el comentario "Ustedes, las madres profesionales, se creen tan importantes que me desesperan".

"¡Yo no creo eso!", fue mi respuesta automática.

Lilian se quejó con disgusto. "Sí lo creen", dijo. "Piensan que las amas de casa como yo no tenemos las agallas para salir y triunfar en el mundo laboral como ustedes".

De nuevo protesté, pero Lilian me rechazó con un gesto de desdén. "Se meten en sus oficinas con sus amigas profesionales y se ríen de nosotras diciendo: '¿Qué *hacen* ellas todo el día?'. Piensan que somos superficiales, ¿cierto?"

Mi respuesta fue volverlo a negar, pero Lilian había dado en el blanco. Mis amigas que también son madres profesionales y yo ocasionalmente criticábamos a las madres amas de casa. Algunas de mis colegas no podían imaginar cómo las madres de tiempo completo soportaban el tedio del cuidado de los niños y el pesado trabajo doméstico. ¿No se morían de aburrimiento? ¿No entendían que en veinte años se despertarían en una casa vacía para descubrir que sus hijos tenían un futuro importante y productivo, pero ellas no?

"Las madres amas de casa *confunden* a las madres profesionales", propuse finalmente.

"Ustedes mismas se confunden", respondió Lilian, "al no escuchar lo que el sentimiento de culpa les está diciendo".

La palabra "culpa" quedó flotando en el ambiente por un momento hasta que yo hice un último débil intento de tregua. "Mis hermanas se quedan en casa con sus hijos", dije, "y se sienten culpables por *no* trabajar casi con tanta frecuencia como yo me siento culpable *por* trabajar".

"Lo dudo", fue la réplica seca de Lilian.

Era mi turno para quejarme. Parecía que no había posibilidad de acuerdo entre las dos. Nos separamos, y aunque no conozco la opinión de Lilian sobre nuestra conversación, puedo decir que a mí me dejó sintiéndome como a toda madre moderna: a la defensiva y un tanto ambivalente.

CINTURÓN NEGRO EN CONFIANZA

El 10-10-10 es un compañero, por demás muy efectivo, en la interminable búsqueda de erradicar esos sentimientos.

Uno o dos años después de usar el 10-10-10 con *Malcolm in the Middle*, mi trabajo seguía su curso pero se acercaba a un posible ascenso. Por ese motivo, mi jefe me había sugerido que aprovechara toda oportunidad para demostrar mi compromiso con la organización. Lo hice, en general sin mayor impacto en mi hogar. Y entonces, vino un golpe de suerte. Me pidieron ser moderadora de un evento externo de la compañía durante un fin de semana.

El único pero… la reunión estaba programada justo para el día y la hora en que Roscoe, quien tenía doce años en ese tiempo, intentaría obtener su cinturón negro en la categoría *junior*. La prueba era un asunto muy serio; se llevaría a cabo en la sede principal de la escuela de kárate Uechi-Ryu en New Hampshire, frente a un grupo de jueces maestros. Ciertamente, era el evento más importante hasta la fecha en la vida de Roscoe. Lo sabía porque cada vez que me lo mencionaba, se ruborizaba y su voz se hacía tenue, como si se fuera a desmayar.

En el período de diez minutos, sabía que no había salida fácil. Aceptar ser moderadora del evento sería un gran avance profesional para mí y una inmensa pérdida para Roscoe; él se sentiría herido y confundido. ¿No llevaba yo años diciéndole cuánto admiraba el esfuerzo y la disciplina que le dedicaba al kárate? ¿Por qué debía ser él el único chico cuya mamá no estaba presente para acompañarlo?

En diez meses, calculé, sería más o menos el mismo panorama. Sí, podría trabajar más duro que nunca para compensar mi ausencia en el evento. O podría mimar a Roscoe de manera decidida asistiendo a cada clase de kárate y reiterando mi respeto por sus principios. Pero no me podía engañar: las consecuencias de cualquiera de las dos opciones aún se sentirían en ese lapso.

En diez años, sin embargo, había una visión esclarecedora. Sabía que en el futuro lejano mi carrera, a grandes rasgos, habría alcanzado el nivel que le correspondía, un nivel que no se decidiría por mi asistencia a un evento de fin de semana sino por una maratón de giros y curvas a lo largo del camino. Sin embargo, Roscoe podía obtener su cinturón negro una sola vez. En diez años, se habría ido a la universidad. Nuestro tiempo juntos hasta ese momento podría ser valioso o tenso. Y no podía negar que había una alta probabilidad de que fuera lo segundo si lo abandonaba en su primera prueba de fuego. Mi hijo podría perder la confianza en que yo lo volviera a acompañar.

Durante ese fin de semana, mientras observaba a Roscoe realizar uno a uno sus *katas* con precisión, no dudé ni por un instante que estaba en el lugar correcto.

Por supuesto, siendo rigurosos, asistir a la prueba de cinturón negro de Roscoe representó un giro de 180 grados con respecto a mi anterior decisión sobre *Malcolm in the Middle*. Mis valores no habían cambiado; mi evaluación de su impacto, sí. Y nada me impidió actuar según esa percepción, ninguna corazonada, ni el sentimiento de culpa, ni la ansiedad, ni esa concepción cultural de lo que las madres deben y no deben hacer.

LA EDUCACIÓN DE UN CAÍN

Hace unos años, quedé intrigada con la lectura del libro *The Nurture Assumption: Why Children Turn Out the Way They Do (La hipótesis de la crianza: Por qué los hijos son como son)*, escrito por la psicóloga de desarrollo humano, Judith Rich Harris. La estimulante tesis del libro provocaría una honda reflexión en cualquier padre de familia de hoy, ya que afirma que los niños se forman principalmente por sus genes y por los valores de sus pares. Los padres, concluye Harris, no merecen ni el crédito ni la culpa por la forma en que se comportan sus hijos.

¡Si al menos todos estuvieran de acuerdo! Se escucharía un gran suspiro de alivio. Pero nuestra cultura popular envía un mensaje radicalmente diferente: "Padres perfectos producen hijos perfectos; padres caprichosos cosechan lo que siembran". Es así como, además de todo el debate sobre si las madres deben trabajar fuera del hogar, a los padres también se les bombardea con toda una enciclopedia de consejos sobre lo que pueden hacer para educar descendientes exitosos. Inscriba a su hijo en el equipo de fútbol en otoño y en la liga infantil de béisbol en primavera. Asegúrese de que inicie sus clases de piano a la edad de tres años. Cómprele un computador portátil de alta gama. Póngalo en clases particulares para la prueba estatal de conocimientos. Y no olvide las clases de chino.

En televisión, el Dr. Phil y la Dra. Laura (para no mencionar una multitud de luminarias menores) regañan a los padres a diario. Toda librería tiene estantes destinados al tema de cómo educar correctamente a los hijos. Pensemos en los artículos de revista dedicados a las habilidades de madre de Britney Spears o a los programas de *realities* que destacan los estilos de educación disfuncional. Yo misma reconozco haber pasado una noche viendo la serie *Wife Swap* (Intercambio de esposas) que, a pesar de su sugestivo nombre, no tiene nada que ver con el asunto. Por el contrario, se trata de una serie aleccionadora y moralista en la cual dos familias intercambian esposas por una semana y ven estallar la debacle al chocar los valores de una madre contra los de la otra.

La presión de criar superhijos puede afligir incluso a las madres fuertes que le dan gran valor al carácter. ¡Lo confieso! Durante años anduve por ahí diciendo que no me importaban las calificaciones y otros títulos de mis hijos mientras fueran "buenos seres humanos". Pero debieron haberme visto cuando Roscoe estaba compitiendo en el campeonato nacional de lucha libre para escuelas secundarias. Lo vitoreaba con tanta fuerza que, después de cada combate, Jack prácticamente tenía que reanimarme con sales aromáticas; cuando Roscoe finalmente perdió en la sexta ronda, tuve que acostarme.

Después de eso, un amigo psiquiatra me ayudó con delicadeza a entender mi espantoso comportamiento. "Hoy en día, las madres compiten entre sí al llevar la cuenta de los éxitos de sus hijos", me dijo. "Dada la fijación de la sociedad por criar hijos perfectos, es casi imposible no hacerlo".

Entonces me instó a que llamara a Roscoe y le pidiera disculpas por mi tristeza cuando decidió retirarse de la lucha libre en la universidad. Definitivamente, tengo planes de cumplir esa orden tan lógica… algún día.

UN PUESTO EN LA MESA

Como si el debate sobre la educación de los hijos no estuviera suficientemente recargado, hay otro factor que complica las cosas. El modelo de crianza de instrucción y control, según el cual "papá sabe lo que es mejor" y todos los demás se callan, desapareció hace mucho. Hoy en día, la mayoría de los muchachos piensan que a la edad de catorce o quince años son adultos, y en consecuencia, esperan tener un puesto en la mesa para tomar decisiones.

¿Cuál es la fuente de esta suposición? Seguramente se origina en el hecho de que, desde una temprana edad, los chicos modernos saben más de la vida que los de generaciones pasadas. ¿Cómo no habrían de saberlo? Se puede intentar apagar el televisor o prohibir el uso de Internet en casa, pero se necesita más que buena suerte para desterrar toda clase de medios de comunicación, a menos que uno viva en la sede de una secta. Diligentemente intenté por años mantener mi hogar en equilibrio; me avergüenza un poco decir que incluso prohibí *Los Simpsons* por temer que fuera demasiado subversivo. Pero me di por vencida en 1998 cuando Sophia, que en ese entonces tenía nueve años, le dio un vistazo a una foto de Mónica Lewinsky que apareció en el periódico y, con más indiferencia de la que preferiría una madre, opinó: "¿Cuál es el problema? No fue sexo de verdad".

No quiero sonar como una vieja excéntrica que censura a la juventud perdida de los "chicos de hoy". Puedo ver una razón perfectamente válida por la cual los adolescentes de ahora creen que son adultos: muchos de sus modelos de conducta hacen cosas de adultos. Vivimos en medio de una economía en la cual Mary-Kate y Ashley Olsen, antes estrellas de la comedia, ahora están manejando una empresa multimillonaria antes de terminar la secundaria. Miley Cyrus, heroína de los adolescentes, y

Lil' Bow Wow, cantante de rap, son el alma de la industria musical. Si estos muchachos tienen supervisión adulta, normalmente se mantiene oculta.

Pero en el mundo real, la mayoría de los adultos se mantiene en escena. Y debido a que esa escena es más compleja que nunca, el 10-10-10 es mucho más relevante puesto que le baja el volumen a la cacofonía de los comentarios de expertos, críticos, otros padres y los chicos mismos, y ayuda a tomar decisiones basadas en valores de crianza cuidadosamente seleccionados. Ofrece un marco y un lenguaje compartido para involucrar a nuestros hijos en el proceso de toma de decisiones sin afectar su independencia básica. En resumen, el 10-10-10 produce el tipo de decisiones que los padres de esta época necesitan y que los chicos quieren: decisiones fundamentadas, lógicas y transparentes.

CHICAS CRUELES

Rick, un padre soltero de Minneapolis, se encontraba en medio de un doloroso dilema paterno tras recibir una llamada muy grosera que lo despertó —literalmente— al hecho de que su hija de quince años se estaba distanciando de él.

Tina jugaba en el equipo de fútbol del colegio y sus calificaciones eran aceptables, pero su pasatiempo, según Rick, era la "guerra virtual". Pasaba horas enteras todas las noches en el computador, chismeando y cazando peleas con otras chicas. Rick detestaba esa conducta, pero se sentía incapaz de detenerla. "Pensaba que todas las chicas adolescentes actuaban como Tina", recuerda. "Creí que su crueldad terminaría".

Pero su maldad no se detuvo. Unas semanas después, la madre de Briana —uno de los objetivos de Tina— llamó furiosa a Rick y le exigió que hiciera algo. Rick se sentía avergonzado no solo por los detalles de las notas que Tina escribía en Facebook sobre Briana (que la madre de Briana le leyó), sino por el hecho de que Tina parecía estar ensañándose con Briana porque ella tenía un impedimento para hablar.

"Estaba criando una hija cuyo carácter se estaba volviendo realmente feo", me dijo Rick.

El padre recurrió al 10-10-10 para diseñar un plan de acción y empezó por analizar sus opciones. Podía castigar a Tina negándole el acceso al computador o podía enviarla a terapia psicológica para llegar a la raíz de su conducta, aunque le preocupaba el costo de esta segunda opción. También podía ceder a las intermitentes sugerencias de Tina de irse a vivir con su madre quien, después de una larga lucha, finalmente estaba sobria.

Después Rick hizo una revisión de sus valores. Se arrepentía del daño emocional causado por su divorcio y creía firmemente que sus hijos debían ser criados en el mismo hogar. Juntos, tenían una familia; separados, no tenían nada. También deseaba fuertemente enseñarle a sus hijos sus propios valores de humildad y sentido común, tan comunes en el medio oeste del país.

Rick sabía que no podía tomar su decisión solo. Tina, como la mayoría de los adolescentes, creía que tenía igualdad de voz y voto en su propia vida, e incluso más que su padre. Rick destinó una hora para una conversación con Tina en la que usaría el 10-10-10.

La charla duró el doble. Cuando se tornó conflictiva —cosa que sucedió varias veces— Rick llevó de nuevo la discusión al marco del 10-10-10. Por ejemplo, si Tina se devolvía a un tema ya discutido, Rick la reorientaba diciendo algo como "Miremos diez meses hacia adelante". Finalmente, padre e hija acordaron condiciones bajo las cuales ambos aceptarían vivir. Tina permanecería con Rick y tendría acceso al computador. También decidieron que valía la pena que Tina ingresara a terapia (psicológica) para tratar su agresividad hacia Briana y otras niñas vulnerables. Ambos estuvieron de acuerdo en que, antes de empezar, Tina le escribiría una nota de disculpa a Briana y la invitaría a su casa a cenar.

"Juntos encontramos la mejor solución en los tres lapsos de tiempo", fue la reflexión reciente de Rick. "Debido a que mi interés era volver a encarrilar a Tina para que dejara de hacerle daño a la gente que la rodeaba, sabía que tendría que haber repercusiones de sus actos a corto plazo, y que en el mediano y largo plazo se necesitaría orientación (psicológica) para sus problemas más profundos". Reconoció la sorpresa y el agrado que le causó la sensatez que Tina le puso a la conversación. Fue idea de Tina, por ejemplo, escribirle una nota de disculpa a Briana; ella también sugirió terminar su larga amistad con otra "chica perversa" muy conocida. "No había forma de que Tina hubiera aceptado una solución", concluyó Rick, "sin haber sido parte del proceso para llegar a ella".

MÁS ALLÁ DEL DEBER

La experiencia de Rick con Tina fue desgastante mientras duró y ciertamente le generó muchos momentos de preocupación genuina y profunda. Pero, en esencia, fue algo normal en la tarea de ser padres. Los hijos suelen pasarse de la raya; nosotros los traemos suavemente de vuelta. Si se vuelven a pasar, halamos un poco más fuerte. La mayoría de los días, educar a los hijos es simplemente cuestión de asegurarse de que vivan según la regla de oro "no hagas a los demás lo que no quieras para ti". Ellos prueban; nosotros corregimos.

Desafortunadamente hay momentos en que ser padres va mucho más allá de lo común. De hecho, a lo largo del camino, todo padre/madre enfrenta una crisis realmente fuerte... o dos o tres: un embarazo juvenil, un arresto por conducir en estado de embriaguez, anorexia.

Para Ana, madre de tres hijos con quienes vivía en los suburbios de Detroit, la crisis fue la drogadicción.

Bobby, uno de sus hijos, empezó a fumar marihuana a los trece años. A los diecisiete se había salido del colegio y vivía con otros drogadictos en un salón de fiestas de la ciudad, una decisión que conmocionó a su unida familia. Kara, otra hija de Ana que para entonces tenía once años, perdió el rumbo en el colegio; Brian, su hijo de ocho años, se sumergió en el mundo de los juegos de video. Con el tiempo, los dos menores arrastraron sus colchones al sótano para escapar del ruido de las peleas nocturnas entre sus padres por la situación de Bobby. Ana quería hacer lo que estuviera a su alcance por salvar a su hijo; su esposo Gary, obrero metalúrgico de una fábrica automotriz, quería echarlo de la casa y botar la llave.

Durante cinco años, Bobby estuvo entrando y saliendo de su casa sin control; se quedaba allí unos pocos días y cada vez que iba sembraba el caos. Robaba dinero y a veces golpeaba a Brian sin razón. La familia continuó su rutina de colegio y trabajo, pero de puertas para adentro nada era normal. Bobby y Gary nunca se cruzaban palabra; su odio mutuo era palpable. Kara y Brian parecían llevar su vida en universos invisibles, yendo y viniendo en puntas de pie. Aun así, en repetidas ocasiones Ana acogió en casa a Bobby, aliviada de que no estuviera en la calle.

La situación finalmente explotó cuando Bobby cumplió veintitrés años y Gary le dijo a Ana que si el muchacho regresaba a casa, él se iría.

La primera reacción de Ana fue de temor. ¿Cómo se mantendría? ¿Qué pasaría con los chicos? Pero muy pronto, la ira también la atacó. ¿Por qué su esposo la estaba obligando a escoger entre él y su hijo?

En su confusión, a Ana la atormentaba una pregunta: ¿Y si Bobby moría? Recordó el montón de libros apilados en la cómoda de su habitación, llenos de consejos para manejar miembros de la familia adictos a las drogas. Uno aconsejaba arrestar al drogadicto, si regresaba, por ingreso a la casa sin autorización; otro decía que una madre nunca debía "ponerse en contra" de un hijo con problemas.

Ana necesitaba escuchar su propia voz. Una noche, sola en su habitación, recurrió al 10-10-10 y con él descubrió que tenía un poderoso principio en gestación: tenía que rescatar a Kara y a Brian de la silenciosa desesperación en que estaban sumidos y que por tanto tiempo ella se había negado a ver. Su única opción era acercarlos de nuevo a ella, darles esperanza para el futuro e infundirles la sensación de que tenían una madre a quien no solo le importaba su hijo mayor sino ellos también. Hacía mucho tiempo que no asistía a un partido de *softball* de Kara o le preguntaba a Brian por sus tareas. Ni siquiera recordaba la última vez que le había pedido a alguno de los dos que saliera de su escondite en el sótano y regresara a su antigua habitación.

Ahora, al enfrentar el dilema de si debía permitirle a Bobby regresar de nuevo, consideró sus opciones —y sus respectivas consecuencias— en diez minutos, diez meses y diez años.

En el primer escenario, el razonamiento de Ana fue que no podía dejar que Gary se fuera. Su ausencia destruiría a Kara y a Brian, y acabaría con cualquier oportunidad de reconstruir la familia que todos necesitaban desesperadamente para seguir avanzando.

En diez meses, si se dedicaba a Kara y a Brian y mantenía a raya a Bobby, tal vez ella y Gary podrían empezar a restaurar la confianza mutua y a crear conjuntamente un ambiente en el que se pudiera reinventar la familia.

El cuadro a diez años era más doloroso para Ana pero ya no podía seguir ignorándolo. Una y otra vez había intentado rescatar a Bobby en vano. Finalmente, sabía que él iba a vivir o a morir no por lo que ella hiciera sino por sus propios actos. El mejor regalo que le podía dar a él y a su familia era una puerta cerrada.

Esa noche, Ana le contó a Gary su decisión de acatar sus deseos. A cambio, le pidió que la acompañara para hacer realidad su sueño de traer a Kara y a Brian de nuevo al rebaño.

Cuando contacté a Ana no hace mucho, me dijo que Bobby había pasado un tiempo en la cárcel por posesión de drogas y actualmente estaba asistiendo a un programa de rehabilitación ordenado por la corte; ella lo podía visitar una vez al mes. Aun así, parecía optimista sobre el futuro de su familia, ya fuera que Bobby se les pudiera unir o no. Mencionó los planes de Gary de llevarse a Brian a pescar durante las vacaciones de verano y la mejoría en las notas de Kara.

Pero lo que más la entusiasmaba era un cambio que acababa de ocurrir: sus dos hijos, me dijo, habían vuelto a subir sus colchones.

EL LARGO Y DIFÍCIL CAMINO DEL AMOR

Después de hablar con Ana, tuve uno de esos momentos en los que uno se queda pensando "Que Dios nos ampare y nos favorezca". Claramente, Ana había sido una madre amorosa y sin embargo su hijo había pasado de ser un niño precoz, a un adolescente descarriado, a una pesadilla viva. Sí, hubo ocasiones —y muchas— en las que Ana sintió un remordimiento desgarrador por su decisión de dejar ir a su hijo mayor. Pero dejó sus dudas a un lado al repasar la lógica de su raciocinio y confiar en su buen criterio.

Aunque los detalles de cada crisis son diferentes, todos los padres que tienen hijos con serios problemas o limitaciones necesitan un proceso de toma de decisiones que los acompañe a lo largo de meses e incluso años de retos y desafíos, un proceso que resista las presiones del temor y el instinto.

Connor tenía doce años cuando Maggie, su madre, empezó a notar que algo no estaba bien en su comportamiento. El chico era jocoso y simpático; amaba con pasión la ciencia ficción y adoraba al viejo perro de la familia. Pero a menudo entraba en pánico por llegar a tiempo al paradero del autobús y se ponía furioso por la más mínima alteración del orden en la casa, como por ejemplo la forma en que estaba arreglado el cajón de sus calcetines.

Durante semanas, Maggie observó que Connor caía más y más en un abismo de ansiedad. Finalmente, desesperada, una mañana esperó a que el muchacho se fuera al colegio y se puso a buscar respuestas en su propio diario.

Una anotación comenzaba diciendo "Necesito tocar las cosas".

El corazón de Maggie se detuvo. "Me di cuenta de que le había transmitido mi enfermedad", me dijo. "Lo único que se me ocurría pensar era '¿Cómo pude hacer esto? ¿Cómo pude ser tan arrogante al pensar que podía tener hijos?' Probablemente fue el momento más triste de mi vida".

La batalla de Maggie con el trastorno obsesivo compulsivo había comenzado en su primer año de universidad. Dos años más tarde, le diagnosticaron una depresión. No obstante, con un esfuerzo heroico, logró hacer una exitosa carrera en publicidad. Hoy en día, ella considera que uno de los grandes triunfos de su vida es que prácticamente nadie sabe de su lucha diaria con lo que el autor William Styron llamó "la oscuridad visible".

Ante la noticia del diagnóstico de Connor, el impulso de Maggie fue renunciar a su trabajo. La vida se estaba convirtiendo en una pesadilla logística. Ella salía para la oficina por la mañana, después corría a recoger al niño al colegio para llevarlo a su cita médica, lo dejaba de nuevo en el colegio, volvía a la oficina y finalmente regresaba a casa a esperar el bus de Connor y su hija mayor. Después de la cena y las tareas, Maggie colapsaba en la cama, físicamente agotada pero con el cerebro todavía funcionando, pensando cómo iba a cumplir con el horario del día siguiente.

"Tengo que detener esto", le dijo una noche a su esposo Roy. "Necesito estar con Connor todo el tiempo".

Pero Roy no estaba seguro de que dejar su trabajo tuviera sentido. Pensaba que tal vez el remordimiento de Maggie la hacía reaccionar de forma desmedida ante la situación. La instó a usar el 10-10-10, que ella había aplicado antes para resolver dilemas laborales, y se ofreció a acompañarla en el proceso como interlocutor.

Maggie aceptó, pero por alguna razón no lograba avanzar más allá del primer diez. Se sentía tan abrumada que dejar el trabajo parecía ser la única alternativa.

Sin embargo, Roy la empujó a imaginar el escenario en diez meses. De nuevo, la respuesta parecía obvia: "Mi instinto me dice que renunciar sería magnífico para Connor, *especialmente* en ese marco de tiempo", dijo Maggie. "Podría estar presente durante su tratamiento. Podría estar pendiente de él, manejando las cosas, ayudándolo".

Después, Maggie pasó al cuadro de diez años y Roy le aconsejó tomarlo con calma y controlar sus emociones. De forma inesperada, en ese momento Maggie empezó a dudar, no porque temiera el impacto que tendría en su familia y su carrera, su decisión de renunciar, sino porque era impredecible. "Me di cuenta de que no tenía idea de cómo estaría Connor en diez años, ni en diez meses", me dijo. "Un marco de referencia como el 10-10-10 es tan bueno como la información que uno aporte. Y yo no tenía los datos necesarios".

Para poder avanzar, Maggie y Roy concretaron una reunión con los médicos de Connor y llevaron una larga lista de preguntas sobre la evolución de Connor con el tiempo. A Maggie le había tomado décadas llegar al número adecuado de medicamentos para el trastorno obsesivo compulsivo y la depresión. Sabía que la psicofarmacología ahora era más precisa, pero temía un proceso similar para su hijo.

Sin embargo, el optimismo de los médicos sorprendió a Maggie. Dijeron que en diez meses, con dos sesiones de terapia conductual por semana y medicamentos, Connor probablemente habría mejorado mucho aunque sus obsesiones podrían no desaparecer del todo. En dos años, su afección tal vez sería invisible para todos excepto su familia y sus amigos íntimos. No había problema si Maggie quería estar en casa de tiempo completo, dijeron los doctores, pero no era indispensable. Eso sí, ella y su esposo debían tener alguna flexibilidad en sus horarios para acompañar a Connor a citas médicas ocasionales.

"Yo esperaba que me dijeran 'Por supuesto, usted debe estar con su hijo todo el tiempo' ", recuerda Maggie. "Por el contrario, me di cuenta de que sería nocivo para Connor pensar que su problema requería una respuesta de crisis cuando lo que realmente necesitaba era manejo diario, como el asma, o la diabetes o cualquier otra enfermedad crónica".

Ha pasado un año después de la decisión de Maggie. Connor, quien ahora está en séptimo grado en un colegio grande, tiene días buenos y malos, siendo más numerosos los primeros. Ha ganado suficiente confianza en sí mismo fuera de casa para dedicarse a la natación y entrar a un club de ajedrez. "Connor es un muchacho admirable. Entiende por qué es diferente. Está aprendiendo a vivir con eso", dice Maggie. "Todos estamos aprendiendo".

LAZOS DE HUMANIDAD

Qué idea tan acertada. Ser padre *es* aprender todos los días, nunca rendirse ante el reto de amar y educar a nuestros hijos. Puede ser tentador desconectarse emocionalmente de la educación de los hijos, ya que las consecuencias de muchas de nuestras decisiones como padres pueden llevar años en manifestarse. Y sí, la cultura arrolladora de hoy, con todos sus mensajes encontrados, con frecuencia hacen ver la crianza como una tarea desconcertante, en especial cuando los propios hijos intervienen y dicen: "Conozco suficiente del mundo para tomar mis propias decisiones, gracias".

Una noche de invierno, cuando Roscoe estaba en su segundo año de internado, notó que Justin, el torpe estudiante de primer año que vivía al otro lado del corredor, actuaba en forma extraña. Parecía que iba a llorar; se la pasaba repitiendo que se iba a dormir temprano. Roscoe quería ignorar lo que estaba viendo. El entrenamiento de lucha libre lo dejaba agotado y tenía montones de tareas por hacer.

Sin embargo, había algo... raro.

"¿Qué te pasa?", de repente Roscoe le preguntó a Justin. "No importa lo que sea; ven a mi habitación y hablemos, ¿bueno?"

Años después, Justin relató lo que había sucedido esa noche en un ensayo que leyó en el colegio y que también compartió conmigo.

"Empecé a llorar. Le conté todo a Roscoe. Le dije lo que estaba pensando hacer; le hablé de las pastillas que había acumulado. Estoy seguro de que se sentía incómodo, pero no lo demostró", escribió. "Roscoe me contó que a veces había llorado durante su primer año. Me comentó que también se había sentido solo y un poco *nerd*. Y entonces se sentó a mi lado y me abrazó; me puso la mano sobre la cabeza y me pidió que fuera feliz, porque siempre me apoyaría. Descubrí en nuestra amistad, ese vínculo que nos unía a Roscoe y a mí, y después los vi todos, todos los vínculos que me unían a los demás. Me di cuenta de que no podía cortar todos los vínculos que partían de mí sin cortar a alguien más. Mi soledad estaba sostenida por muchos lazos con otros seres humanos".

A veces, nuestros hijos nos enseñan a tomar decisiones.

Con más frecuencia, sin embargo, nuestra función en este mundo ruidoso y complicado es enseñarles a vivir para que lleguen a darse cuenta de que cada decisión es un lazo con la humanidad.

El 10-10-10 es nuestro aliado en esa preciosa tarea.

CAPÍTULO OCHO

"Cuenta conmigo"

Amistades perdidas y recuperadas con el 10-10-10

Sue Jacobson y yo nos conocimos en una cancha de tenis. Ella era "directora de deportes de raqueta" del campamento Clear Lake, una exageración bastante divertida dada la sencillez del lugar; yo iba a ser su "asistente". La jerarquía entre nosotras, sin embargo, duró como cinco minutos. Nos llevábamos muy bien y antes de que hubiera transcurrido una semana de conocernos, nos habíamos vuelto inseparables. Durante el día, entreteníamos a los jugadores haciéndonos bromas. De noche, salíamos a buscar los anillos de cebolla fritos más grasosos que hubiera; andábamos durante horas en el convertible destartalado de Sue, escuchando a Blondie y Lene Lovich a todo volumen.

Durante una de esas escapadas, Sue y yo chocamos accidentalmente por detrás el auto de una pandilla de chicas duras de la secundaria local. Salimos del auto a toda prisa para disculparnos, pero ellas no aceptaron la disculpa. Nos rodearon. "¿Cuál es tu problema?", exigió saber la líder del grupo encarando en forma amenazadora a Sue. Luego —estábamos en Cape Cod en 1978— ella y sus amigas se rieron estruendosamente y arrancaron.

Sin embargo, nunca olvidamos lo gracioso del incidente, y Sue y yo adoptamos la pregunta de la jefe de la pandilla, convirtiéndola en nuestro refrán: "¿Cuál es tu problema?", me dijo Sue mientras descendía de la tarima después de recibir mi diploma universitario. Yo le hice exactamente la misma pregunta después de que ella recibió el suyo.

Años después de haber salido de la universidad, aun siendo amigas cercanas, Sue y yo aterrizamos en Boston, yo en la Associated Press y Sue como jefe de personal de Kitty Dukakis, esposa del gobernador. La compatibilidad de nuestras carreras era una coincidencia afortunada; siendo ambas mujeres jóvenes y ambiciosas que trabajaban básicamente en la mismo rama, encontramos más cosas que antes de qué hablar. Pero nuestra amistad seguía basada en la risa, aun después de que yo me casé y Sue conoció a Michael, un residente de cirugía en el hospital de Boston. Hubo muchos fines de semana en que nos escapamos a pasear en el auto de Sue o a buscar anillos de cebolla fritos en el Howard Johnson's de la plaza Kenmore.

Entonces, un día de 1984, Sue me llamó a casa. "No puedo seguir siendo tu amiga", me dijo y colgó. ¿Pensé inicialmente que era una broma? La respuesta es no. La voz de Sue era tan diferente y extraña que instintivamente supe que hablaba en serio.

Tenía otras amigas, por supuesto, y llené el gran vacío que dejó Sue, pero nunca dejé de extrañarla aun después de conocer a Jack, quien se convirtió en el amigo más querido de mi vida. Lo único que me entristecía era que Jack no hubiera conocido a Sue; cuando se lo mencionaba, él siempre fruncía el ceño y me decía: "Hay una razón por la cual se fue, pero no la sabes todavía".

UNA NECESIDAD FRÁGIL

Fue tal el golpe —la devastación, para ser completamente franca— de la partida inexplicable de Sue de mi vida que, durante muchos años, me dije que nunca volvería a confiar en ella, aun si volviera de rodillas.

El 10-10-10 cambió eso. Con el tiempo, me permitió abrir de nuevo mi corazón a Sue y nos ayudó a comprender por qué habíamos tenido que separarnos.

Efectivamente, el 10-10-10 puede salvar cualquier amistad. Puede darle a uno o a los dos amigos un marco para poner en perspectiva una relación en conflicto y trazar un plan de acción para revivirla. Puede aclarar los valores, tanto los compartidos como aquellos que pueden desbaratar la amistad. Puede revelar suposiciones y expectativas ocultas que, de no ser expresadas, llevan una amistad al borde del abismo. En medio de una crisis, el proceso puede ayudar a dibujar una imagen vívida de lo que se requiere para salvar la amistad y de lo que costaría perderla.

El 10-10-10 nos permite decidir qué clase de amigos necesitamos y qué clase de amigos queremos ser.

Porque la amistad viene en muchas variedades, ¿no es verdad? Tenemos amigos que hemos llegado a querer porque nuestros caminos se cruzan con tanta frecuencia que florece algo de simpatía. Tanya Ntapalis me ha cortado el cabello siempre. En términos de antecedentes, intereses y estilos de vida, no tenemos casi nada en común; pero a lo largo del camino hemos compartido muchos detalles de nuestras historias personales, desde las primeras citas hasta los divorcios. El año pasado asistí al velorio de Gram, la abuela de Tanya a quien ella adoraba. "Nunca conocí a la difunta", le dije a un hombre que estaba detrás de mí cuando me lo preguntó; "pero su nieta es muy buena amiga mía".

También están los amigos por los recuerdos, esas personas con quienes hemos compartido un período fundamental de nuestro pasado. Mi esposo todavía se reúne con sus compañeros de béisbol de hace cincuenta años. Hablan mucho de política y de los Red Sox, pero los recuerdos nunca están lejos de la conversación.

Si alguna vez ha dicho "Ella es una amiga mamá" o "Él es un amigo del trabajo", sabe lo que es una amistad basada en la identidad y lo importante que esta puede llegar a ser. No sé cómo hubiera sobrevivido los primeros días de crianza de no haber sido por los consejos de mi asesora en maternidad, aún puedo oír a María diciéndome: "Solo pon una pizza en la licuadora, Suzy. El bebé sobrevivirá". Tampoco olvidaré nunca que Kim rezaba conmigo cuando yo había perdido las esperanzas con el comportamiento de Sophia durante su adolescencia.

Pero he descubierto que, de todas las amistades, las mejores son las que combinan todos los elementos anteriores. Los caminos de un par de amigos se cruzan lo suficiente para estar al día, hay una historia común en la cual se basa la amistad y alguna forma de identidad compartida con la cual se sostiene. De esta manera, los buenos amigos pueden constituir las relaciones más placenteras y fáciles. No conllevan la responsabilidad del matrimonio, el estrés de la familia extendida, ni la ansiedad de educar a los hijos.

Irónicamente, allí reside la fragilidad innata de la amistad. Queremos y necesitamos a nuestros amigos. En tiempos de crisis, recurrimos a ellos en busca de consuelo y confiamos en sus consejos sinceros. Pero a menudo quedan relegados en relación con las demás relaciones de nuestra vida. No estamos atados a ellos por lazos de sangre como con nuestros familiares, ni por documentos legales y expectativas culturales como con nuestros cónyuges, ni por un cheque de nómina como con nuestros compañeros de trabajo. Casi que por definición, los amigos pueden esperar.

Cuando en una amistad las cosas empiezan a ir mal, podemos alejarnos y aparentar que en nuestra vida nada ha cambiado realmente. Podemos quedarnos en la misma casa, seguir haciendo el mismo trabajo y realizar nuestras actividades diarias sin trastorno evidente. Todo ello es posible a pesar de la perturbación en nuestro corazón.

MOVIMIENTO DE CONTINENTES

Jeremy conoció a Lucille al salir del ascensor en su primer día de trabajo en una firma constructora de Las Vegas. Siendo nuevo en la ciudad y en el cargo, era un manojo de nervios. La mujer de aspecto conservador al otro lado de la ventanilla de la recepción solo aumentó su ansiedad. Con cortesía se presentó y pidió que lo llevaran a su puesto de trabajo.

"¿No se supone que usted se presentaría aquí ayer?", dijo bruscamente la recepcionista.

A Jeremy se le revolvió el estómago, pero entonces la recepcionista soltó una carcajada. "¡Bienvenido, primíparo!", exclamó, y dio la vuelta para estrechar efusivamente la mano de Jeremy.

Jeremy terminó amando la actitud tosca de Lucille, así fuera diferente a la suya. A sus treinta y dos años, él había pasado la mayor parte de su vida en Fort Lauderdale viviendo con sus padres. Lucille, a sus cuarenta y cuatro, se describía como una "solterona" proveniente de una numerosa familia armenia de Brooklyn. Pero los dos compartían el gusto por las noticias políticas de la Casa Blanca y hablaban todos los días sobre las noticias originadas en Washington. Su empatía era tan evidente que algunos compañeros de trabajo llegaron a sospechar que había una relación amorosa entre ellos, rumor que se convirtió en una especie de broma de oficina después de que Jeremy les presentó a Dan, su compañero permanente.

El vínculo entre ellos se afianzó cuando Jeremy le

brindó apoyo a Lucille después de terminar una larga y conflictiva aventura con un hombre casado. Después de eso, Lucille solía pasar los fines de semana con Jeremy, Dan y otros amigos, que la llamaban cariñosamente "la mamá del clan".

Pero a pesar de la compañía de Jeremy, Lucille sufría en Las Vegas. Extrañaba a su familia que vivía en el este del país y sentía que su trabajo era inestable. Ella era parte del personal de apoyo de la empresa y sabía que si la economía de la ciudad empezaba a decaer, sería una de las primeras en salir. Había otra duda que la asaltaba con frecuencia. Al pasar todo su tiempo con Jeremy, ¿no estaba "sin querer queriendo" manteniéndose al margen de la vida social y dejando de salir con alguien?

"Tuve una fuerte reacción", recuerda la Lucille de aquella época. "Obviamente, nunca iba a tener hijos, pero aún tenía la oportunidad de casarme. Pero para casarme, tendría que alejarme de un amigo que me había hecho más feliz que nunca".

Tras unos años de ambivalencia, Lucille decidió aceptar un empleo con mejor sueldo en Hartford, Connecticut, más cerca de su hogar. Jeremy y Dan le hicieron una estupenda fiesta de despedida; Lucille lloró abiertamente durante el conmovedor brindis de despedida de Jeremy, en el que se refirió a ella como "su amiga ahora y siempre".

Pero en los meses posteriores a su traslado, Lucille descubrió que no podía responder ninguna de las llamadas ni correos electrónicos de Jeremy. Temía llegar a extrañarlo tanto que terminaría por odiar Hartford, donde su nueva vida iba tomando fuerza. Jeremy le escribió unas cuantas veces preguntando si algo andaba mal, hasta que finalmente dejó de hacerlo.

Pasaron seis meses. Entonces, la noche de Navidad, estando en la iglesia con su familia en Brooklyn, Lucille se puso a rezar pidiendo escuchar nuevamente la voz de Jeremy. Necesitaba contarle sobre su nuevo trabajo, más difícil pero más divertido de lo esperado; quería conocer su opinión sobre un hombre soltero de la oficina que le gustaba y a quien ella parecía gustarle. Llena de emoción, Lucille se fue a casa a su antigua alcoba, decidida a analizar su amistad con Jeremy utilizando la lógica del 10-10-10. ¿Podría dedicarse a su nueva vida y también conservar sus antiguos amigos?, se preguntó.

En el panorama de diez minutos, Lucille calculó que seguramente sería incómodo volver a contactar a Jeremy; tendría que dar explicaciones, disculpas y no sabía si él la perdonaría. Hablar con él podría abrir compuertas emocionales que obstaculizarían su adaptación a la nueva vida. ¿Podía darse el lujo de correr el riesgo?

Luego Lucille intentó imaginar su vida en diez meses. Con seguridad, tendría más estabilidad en su nuevo trabajo. Por naturaleza, ella era la artífice de su propia felicidad; la autocompasión sencillamente la aburría. *Esa* Lucille —la futura Lucille— ¿no tendría espacio en su vida para Jeremy?

Por último, Lucille pensó en las consecuencias de su decisión en diez años a la luz de sus valores. Siempre había puesto en primer lugar a su familia y sus amigos. Eran su orgullo, su consuelo y su clan. Jeremy estaba entre los más queridos del grupo. ¿Qué razón había para perderlo? ¿Evitar unas cuantas malas caras en el corto plazo?

Era más de medianoche en Nueva York, pero todavía temprano para llamar a Las Vegas. Lucille agarró el teléfono y marcó el número de Jeremy. "Lloramos como media hora", me dijo. "Fue como en los viejos tiempos, solo que más dulce".

Han pasado dos años desde esa reconciliación. Actualmente, Lucille y Jeremy se comunican con frecuencia por correo electrónico para actualizarse sobre sus vidas y se llaman por teléfono para las fiestas y los cumpleaños. Obviamente, sin el contacto diario ni los retos laborales compartidos, su amistad ha cambiado. Se basa más en recuerdos que en camaradería en el trabajo, pero ellos la han revivido. Con seguridad, construirán más recuerdos.

DISTANCIAMIENTO DE VALORES

La amistad de Jeremy y Lucille pasó por dificultades porque ella se fue a vivir a otro lugar, un fenómeno nada raro en nuestro mundo tan cambiante. Con igual frecuencia, las amistades pasan por dificultades porque los *valores* se han distanciado. Las creencias, metas y prioridades que alguna vez unieron a dos personas ya no coinciden, o incluso pueden estar enfrentadas.

Isabelle y Sarah fueron compañeras de residencia universitaria en Vermont durante cuatro años. Sus vidas estaban tan entrelazadas que algunas personas en el campus no las podían distinguir. Compartían la ropa, llevaban el cabello del mismo largo, se sentaban en la misma mesa en el comedor y asistían a las mismas fiestas. En realidad, la única diferencia entre ellas era académica: Isabelle se graduó en bellas artes y Sarah, en matemáticas.

Después de graduarse, ambas se mudaron a Nueva York. Isabelle se convirtió en artista conceptual y se sostenía trabajando medio tiempo como mesera para pagar el alquiler del pequeño apartamento que compartía con su novio, un baterista. Con el tiempo, Sarah se convirtió en analista de valores en Wall Street y se casó con un corredor de bolsa. A pesar de que sus estilos de vida empezaron a distanciarse, una historia en común seguía uniendo a estas dos mujeres. Una vez cada dos meses, Sarah organizaba una reunión de las dos parejas para cenar y beber.

Sin embargo, a los pocos años, Isabelle empezó a encontrar formas de escabullirse de las reuniones. El problema era Bertram, el esposo de Sarah. Isabelle lo consideraba un engreído obsesionado con el control y le molestaba que Sarah estuviera asimilando su punto de vista conservador sobre la política y la sociedad.

La siguiente ocasión en que Sarah llamó para acordar la cena, Isabelle esperó hasta estar segura de que Sarah estuviera en la oficina para dejarle un mensaje en casa avisando que no estaba disponible. Isabelle me contó posteriormente que, cuando colgó el teléfono, se sintió como "una mentirosa y una mala persona".

Isabelle se había enterado del 10-10-10 por mí —nos conocimos por una amiga mutua— y decidió aplicarlo a su dilema. Le gustaba el hecho de que el proceso podría ayudarla a examinar su amistad a través de un "prisma de valores" para determinar si sus valores y los de Sarah diferían demasiado. Formuló su pregunta de esta manera: "¿Debo intentar salvar mi amistad con Sarah o dejar que se termine?".

No obstante, Isabelle encontró un obstáculo. Si ella y Sarah no compartían ningún valor, ¿podría haber una relación auténtica en cualquier marco de tiempo?

"En esencia, estamos conectadas por las experiencias que nos hicieron las mujeres que somos hoy", me dijo. "Tenemos el deseo común de seguir siendo amigas de por vida. Es como una muestra de honor para las dos. ¿Pero es suficiente?"

Para explorar las respuestas a esa pregunta, Isabelle invitó a Sarah a cenar, sólo las dos. Sarah intuyó el motivo y aceptó a regañadientes. De hecho, sus temores no eran infundados. La charla fue dolorosa, incluso con el 10-10-10 como guía.

En cuanto al futuro inmediato, las dos estuvieron de acuerdo en que no había forma de ignorar la creciente brecha entre sus valores. Isabelle reconoció que Bertram le desagradaba. Sarah dijo impulsivamente que el novio de Isabelle era un perezoso. Isabelle le dijo a Sarah que su trabajo muy bien remunerado la había vuelto insensible al sufrimiento de los menos privilegiados. "Mi trabajo muy bien remunerado me permite contribuir a más obras de caridad que las que tú harás en toda tu vida", replicó Sarah.

La cena pudo haber terminado ahí de no ser por un proceso que les permitió mantenerse sentadas. Pasaron a la siguiente etapa: contemplar el escenario en un lapso de diez meses. Las dos reconocieron que dejar acabar la amistad eliminaría una causa vigente de malestar en la vida de ambas. Isabelle confesó que, en su recado telefónico, había mentido sobre las fechas. Sarah respondió: "¿Y pensaste que no lo sabía?".

Entonces Sarah le recordó a Isabelle que se acercaba una reunión de la universidad. "¿Debemos simplemente ignorarnos allá?", le preguntó abiertamente. "¿Como cualquier par de viejas amigas que no pudieron conservar su amistad? Pensé que la nuestra era más fuerte que eso".

Hubo un largo silencio.

"Seamos realistas", dijo Isabelle finalmente. "En diez años, estarás viviendo a las afueras de la ciudad, conduciendo un BMW y yo seguiré viviendo en Astoria, luchando por sobrevivir".

Sarah solo pudo asentir. Ella y Bertram ya estaban buscando una casa.

"Qué tal esto: ¿Qué tal si continuamos un par de años y vemos qué pasa? Yo te estimo y aprecio mucho lo que hemos vivido juntas", prosiguió Isabelle. "Tal vez el hecho de que podamos ser amigas a pesar de nuestras diferencias sea un verdadero motivo de orgullo para las dos".

La idea le dio a Sarah la primera sensación de esperanza que había tenido en toda la noche. Ella también sabía que, a largo plazo, la relación tenía un futuro incierto, pero acabarla en el mediano plazo le parecía prematuro.

Al concluir la velada, las dos mujeres habían decidido reconocer respetuosamente que sus gustos ya no coincidían. Podían empezar por encontrarse más o menos una vez al año para renovar el objetivo compartido de mantener un lazo auténtico. Estuvieron de acuerdo en que sería una noche agradable, sin sus esposos.

Cuenta Isabelle que desde que tomaron esa decisión, "Sarah y yo hemos sentido un gran alivio. No tenemos que andar prevenidas la una hacia la otra. El ambiente se ha despejado. Ambas tenemos la expectativa de hacer funcionar nuestra amistad de una forma nueva".

UN PUENTE DEMASIADO LARGO

Aun bajo nuevas condiciones, no todas las amistades se pueden salvar. Ha habido algún tipo de ofensa: un préstamo pendiente, por ejemplo, o un comentario indebido. Conozco a dos mujeres que, después de treinta años de amistad, dejaron de hablarse cuando sus hijos se enfrascaron en una disputa jurídica.

Las amistades se terminan con más frecuencia porque mantenerlas sería demasiado doloroso. En una coyuntura así, el 10-10-10 puede ayudar a aclarar las razones para separarse, aliviar el remordimiento y brindar la sensación necesaria de haber cerrado un ciclo.

Conocí a Ángela, trabajadora social de Baltimore, porque había oído que tenía una gran historia que contar con respecto al 10-10-10 y la compra de una casa. Y la tenía. De hecho, su vivencia era un ejemplo tan bueno del proceso que, durante las primeras dos horas de nuestra reunión, no hablamos de otra cosa. Ángela me contó que, al acercarse su cumpleaños número treinta, había decidido que era hora de abandonar la casa de sus padres. Consultó con dos agencias inmobiliarias que no lograron encontrar la casa que buscaba; sus familiares le insistían en que, al buscar vivienda, debía pensar en un panorama a mediano y no a largo plazo. Pero Ángela quería comprar una casa en la que viviría para siempre.

"Muchas mujeres esperan su príncipe azul", me dijo. "Yo quería cuidar de mí misma. Mi sueño era que nadie, excepto yo, decidiera el rumbo de mi vida".

Ese comentario fue la primera pista para entender que la decisión de Ángela no tenía que ver únicamente con la compra de una casa. También tenía que ver con la amistad verdadera.

Ángela conoció a Rebeca cuando estaban en noveno grado y de inmediato congeniaron. "Encontramos consuelo mutuo", fue la reflexión de Ángela. "No había que dar explicaciones. Ambas teníamos dificultades para encajar con los demás, excepto entre nosotras".

Cada chica pesaba más de 100 kilos.

Durante la secundaria, Ángela y Rebeca llegaron a conformar un universo de dos personas en el cual compartían todo su tiempo y una visión cada vez más negativa del mundo. "Ha habido estudios de amigas con sobrepeso que demuestran cómo ellas se identifican entre sí y refuerzan la obesidad mutua", dijo Ángela. "Rebeca y yo éramos el ejemplo perfecto". Las dos chicas decidieron no dejar la casa de sus padres después de la secundaria y asistir al mismo instituto técnico. Después de graduarse, ambas aceptaron empleos cercanos.

Justo después de que Ángela cumplió veinticinco

años, la salud de su padre empeoró. Su hermana estaba casada y no podía estar presente todo el tiempo; su madre, entrada en años, necesitaba ayuda. No había otra opción. Ángela pidió una licencia en el trabajo para hacerse cargo de la mayor parte del cuidado de su padre. Pero su peso le dificultaba cualquier tarea. Físicamente le era casi imposible darle de comer a su papá, llevarlo a citas médicas o acostarlo.

Una mañana, Ángela tuvo una revelación: "La gente me necesita aquí", pensó. Era hora de dedicar su vida a perder peso y a cuidar su propia salud. De inmediato llamó a Rebeca. "Voy a perder peso y esta vez es en serio. ¿Lo hacemos juntas?", le preguntó.

Rebeca dijo que sí y esa misma tarde ambas se dirigieron a un centro local para perder peso. Pero muy pronto se hizo evidente que Rebeca no estaba comprometida con el proyecto. A medida que el peso de Ángela disminuía y su determinación aumentaba, Rebeca se enfadaba con Ángela y la desafiaba con frecuencia diciéndole: "Ya no te conozco".

En el transcurso de un año y medio, Ángela fue dejando viejos hábitos. Durante años, había pasado las noches comiendo frente al televisor en casa de Rebeca. Ahora, hacia largos trotes por el vecindario y levantaba pesas en un gimnasio cercano. Su peso bajó a 90 kilos, después a 82, luego a 73. Decidió, al mismo tiempo, dedicarse a la fascinación que había sentido por mucho tiempo por el budismo —había sido criada como católica— y con el tiempo se vinculó a un templo budista en el pueblo más cercano. Sin embargo, por el bien de su amistad, Ángela seguía pasando la mayor parte de su tiempo con Rebeca. Miraban sus programas clásicos favoritos y alquilaban películas, pero el diálogo era cada vez más difícil. La comida y la ropa se volvieron temas vedados; Rebeca le prohibió a Ángela hablar de su rutina de ejercicios.

En silencio, Ángela disfrutaba la manera en que su vida estaba cambiando. Alcanzó la meta de su peso —68 kilos— y corrió una mini maratón. Con su nueva energía, podía ayudar más a su padre, cuya salud también había mejorado, y empezaron a salir juntos a caminar por un parque de la ciudad que les encantaba. La nueva confianza de Ángela en sí misma también se reflejaba en su trabajo y un día le pidió a su jefe un pequeño ascenso. Para su sorpresa, lo obtuvo de inmediato.

Durante semanas, Ángela le ocultó las noticias a Rebeca previendo una reacción negativa; pero aun sin enterarse del ascenso, las críticas de Rebeca siguieron aumentando. Un día, sus llamadas cesaron del todo. "Sabía que Rebeca estaba tratando de forzarme a dar el primer paso", me dijo Ángela.

Era una decisión que Ángela había estado temiendo. En el futuro inmediato, sabía que terminar la amistad con Rebeca sería una bendición y una maldición. Desaparecería la hostilidad constante, pero también perdería a la única verdadera amiga que había tenido. Extrañaría muchas cosas maravillosas de Rebeca: su sarcasmo agudo y el hecho de que nunca juzgaba a la familia de Ángela, en particular a su madre, una mujer emocionalmente distante.

En diez meses, el cuadro no era mucho más promisorio. A Ángela le preocupaba su habilidad para hacer nuevas amistades; todavía se veía como la "niña gorda" del salón. Sin Rebeca, podría pasar meses o años de absoluta soledad.

Pero fue el futuro lejano el que más cautivó la imaginación de Ángela. "Cuando pensé en el marco de tiempo de diez años y contemplé la vida que estaba tratando de crear con tanto esfuerzo, supe que Rebeca no sería parte de ella", dijo Ángela. "No podía serlo; su conjunto de valores era demasiado diferente del mío. Ella tenía razón: yo había cambiado".

La noche siguiente, sentada en la cocina de Rebeca que le era tan familiar, Ángela instó por última vez a su amiga a que unieran fuerzas, pero Rebeca se disgustó. "Estás haciendo que te odie", le advirtió. Puesto que no quería acabar su larga amistad con amargura, Ángela salió de la casa en silencio.

Después de esa separación, Ángela soportó épocas de soledad. Hubo momentos en que el consuelo de la amistad de Rebeca y el viejo estilo de vida de las dos la llamaban. Pero se había roto un vínculo frágil y no había posibilidad de repararlo.

Ángela volcó nuevamente su energía en la búsqueda de una casa y finalmente su travesía concluyó. Encontró una pequeña casa en un condominio que requería algunos arreglos, pero la idea de reinventar el lugar desde los cimientos le atraía. Hoy, Ángela ha logrado construir una vida activa alrededor de su nuevo hogar —un "refugio", como ella lo llama— y con frecuencia recibe la visita de sus sobrinos.

"Pensar en Rebeca aún me entristece mucho", me dijo Ángela recientemente. "Pero mi vida continúa".

Claro que la vida continúa. Cuando muere una amistad significativa, así como cuando termina un matrimonio, al final todos nos recuperamos. Podemos salir heridos. Siempre salimos cambiados. Pero si logramos darle un sentido al pasado, es parte de nuestra naturaleza enfrentar nuevamente el futuro creyendo que somos más fuertes y sabios gracias a lo que hemos vivido.

EMPEZAR DE NUEVO

Yo también intenté seguir adelante cuando se acabó mi amistad con Sue Jacobson. Pero en lugar de sentirme más fuerte y sabia, me sentí ante todo confundida.

Un día de verano de 2002, recibí una carta. Reconocí la letra de mi vieja amiga y enseguida rasgué el sobre. "Querida Suzy: no sé si me recuerdes, pero de ser así, quiero que sepas que lo lamento", decía la nota. "Por favor, permíteme darte una explicación". Al final había una dirección de correo electrónico.

Corrí al computador. "Bien, bien, bien, qué sorpresa", escribí. Quería sonar fría, invulnerable.

Pero la respuesta de Sue fue abierta y directa. Me dijo que se había casado con Michael, el residente de cirugía, y que habían tenido dos hijos. A lo largo de los años, dijo, había estado al tanto de mi vida por los medios de comunicación y con frecuencia leía mis artículos en la *HBR*. "Siempre he alabado tus artículos", escribió.

Cinco minutos después, estábamos hablando por teléfono.

"Te voy a contar lo que pasó", empezó diciendo, "pero tienes que prometerme que no vas a odiar a Michael".

No lograba imaginar de qué estaba hablando Sue. Durante el tiempo que conocí a Michael —que fue breve— había sido un tipo muy decente y tranquilo.

"Está bien", le dije.

"Michael es un gran hombre y un gran esposo, y no quiero que lo odies".

"Dije que bueno", le repetí.

"Cuando él y yo estábamos saliendo, nuestra amistad lo asustó. Yo saltaba cuando tu decías 'salta', pasábamos todo el tiempo juntas, teníamos todos esos chistes que solo tú y yo entendíamos, y...".

"¿Nuestra amistad lo *asustó*?", la interrumpí.

"Mira, Suzy, Michael me dijo que eras tú o él", dijo. "Y yo lo escogí".

Me quedé callada un buen rato. Entonces Sue me preguntó: "¿Vas a colgar?".

"¡No!", grité. No estaba enojada; me sentía aliviada. De todas las explicaciones que había imaginado, la de que Michael se sintiera amenazado por mí no era una de ellas. Sin embargo, tenía mucho sentido. Él estaba tratando de construir una relación significativa con Sue —algo sagrado, auténtico, esa "tercera fuerza" de la que ya he hablado— y yo estaba interfiriendo.

"¡Qué buen esposo debe ser Michael!", fue todo lo que se me ocurrió decir.

Le pregunté a Sue si me daba tiempo para pensar

sobre su propuesta de revivir nuestra amistad. Ella dijo que claro, que podía tomarme todo el tiempo que quisiera siempre y cuando no fuera para hacer algo estúpido como no volver a llamarla. "Asumo que todavía tienes un problema", se aventuró a decir.

"No tan grande como el tuyo", respondí, riéndome a pesar de todo.

Durante los días siguientes no dejé de pensar en Sue. Mi instinto estaba desbordado. A pesar de su sensata explicación —ella había tomado una decisión basada en valores que yo respetaba profundamente— no creía que pudiera volver a confiar en ella. Por otro lado, me encantaba su personalidad alocada y su inteligencia para todo, desde la política hasta las relaciones familiares. Después de dieciocho años, la idea de tomarnos una cerveza juntas era sumamente emocionante.

Recurrí al 10-10-10.

En el marco de tiempo de diez minutos, sabía que intentarlo de nuevo significaba resolver intimidantes incógnitas. Tendríamos que ponernos al día. Tendríamos que sanar heridas. Tal vez lo más difícil de todo: necesitábamos aprender nuevamente a confiar la una en la otra. Sí, *la una en la otra*. Olvidé mencionar que en la llamada, Sue me preguntó: "¿Por qué nunca intentaste *llamarme?*". Era una pregunta legítima. Tal vez nuestra amistad nunca podría superar una herida tan profunda como la que nosotras mismas le habíamos inflingido.

En diez meses, sin embargo, la incomodidad podría desvanecerse. Tal vez incluso encontraríamos nuevamente cosas en común.

Y en diez años, bueno... ¡Me imagino! Seríamos un par de cincuentonas, con hijos ya grandes y mucho tiempo libre para dar vueltas en mi Jeep rojo buscando anillos de cebolla fritos. Casualmente nuestros lugares preferidos para las vacaciones estaban a una hora de camino entre sí.

Decidí que no tenía nada que perder al restablecer mi amistad con Sue y sí una amistad inigualable por recuperar.

Nuestra reconciliación fue sorprendentemente rápida. Acordamos una reunión y después otra y otra. Nos reíamos con la misma facilidad de siempre y aún compartíamos muchos de los mismos gustos, pero además teníamos un nuevo vínculo. Ambas teníamos matrimonios felices e hijos muy exigentes y las dos pasábamos la mayor parte del tiempo tratando de encontrar un equilibrio entre nuestra vida familiar y nuestra intensa profesión.

Ciertamente nuestro reencuentro se facilitó cuando nuestros esposos se entendieron a las mil maravillas, al igual que nuestros hijos. Pero en el centro de nuestra amistad renovada seguimos estando solo las dos, ayudándonos mutuamente a vivir con alegría y por supuesto con perspectiva. No hace mucho, cuando mi hijo Roscoe y Elizabeth, la hija de Sue, se presentaron a la universidad al mismo tiempo, intercambiamos correos electrónicos probablemente veinte veces al día. "El consejero estudiantil no me mira a los ojos. Sabe que ella no va a pasar. Estamos jodidos", escribía Sue y yo le respondía: "*Nosotros* estamos jodidos. Roscoe acaba de sacar una B+ en chino. Estas estúpidas universidades solo aceptan muchachos cuyas calificaciones sean A en todo. Las odio. No merecen a mi hijo". Y Sue enseguida me contestaba: "Suicidémonos esta noche".

En los encuentros personales, nos hemos divertido aún más. Durante el invierno pasado, llevamos a los chicos —a los seis— de compras de Navidad a un centro comercial. En algún momento llevé al grupo a un almacén de ropa y Sue se percató inmediatamente de mis intenciones. "Ah, no. No lo harás", me dijo en voz baja. "No otra vez. No me puedes obligar a hacerlo".

"Vamos, Sue", le rogué. "Solo pruébate esto". Descolgué del gancho un vestido bordado, de talla pequeña.

"¡Detente!", exclamó, arrebatándome el vestido de la mano y volviéndolo a colgar. "Por el amor de Dios, ¿cuál es tu problema?"

Me quedé mirando los cómodos zapatos de Sue por un buen rato e hice un gesto que ella conoce muy bien.

"¿Cuál es *tu* problema?", le respondí con naturalidad.

SOLOS O JUNTOS

Ah, la amistad… la gran, frágil y voluntaria necesidad de nuestra vida. Ralph Waldo Emerson tenía razón. Un buen amigo es una "obra maestra de la naturaleza", extraña y maravillosa. El compositor Bill Withers, un poeta tal vez menos reconocido, también dijo algo muy cierto: todos necesitamos a alguien en quién apoyarnos.

Claro, algunas amistades encuentran su final natural, como la de Ángela y Rebeca. Otras andan sin tropiezo por décadas, como Jack y sus amigos de la secundaria. Pero en casi toda vida humana hay amistades significativas que llegan a una encrucijada y debemos decidir si seguir adelante solos o juntos.

En esos puntos de quiebre el 10-10-10 nos ayuda a entender cómo cambia la dinámica subyacente en una amistad, e igualmente importante, si esa dinámica alterada puede y debe superarse.

Tan pronto termine de escribir, voy a darle una llamada a Sue.

Tengo una pregunta que hacerle.

Sé que ella tiene la misma pregunta para mí.

CAPÍTULO NUEVE

El dardo de muérdago

Reflexiones sobre el 10-10-10 y el ciclo de la vida

Ha habido dos ocasiones en mi vida en que me he sentido como si acabara de caer por un precipicio, con la visión borrosa, el corazón en la mano y todo mi ser cayendo de repente a un abismo desconocido.

La primera sucedió hace quince años —de mi matrimonio solo quedaba la apariencia— cuando vi un pequeño signo "+" en la tira de una prueba de embarazo, y la segunda, más de una década después, cuando el cirujano llamó para decirme: "Suzy, lo siento, pero algo ha salido muy mal".

Los comienzos y los finales son aterradores.

Seguramente algunas personas reciben la llegada de un bebé con compostura y serenidad y afrontan la pérdida de un ser querido con sabia ecuanimidad. Pero casi siempre, a la mayoría de nosotros, las experiencias fundamentales de la vida y la muerte nos suelen poner de rodillas, incluso literalmente. Nos hacen perder el equilibrio; nos llenan de miedo y confusión.

Y nuestras decisiones con frecuencia lo reflejan.

El día que me enteré que estaba embarazada de Eve, tomé una de las decisiones más costosas de mi vida: seguir aparentando, alegremente, como si no pasara nada en mi hogar. Si mi bebé debía nacer en una familia "normal", me dije en medio de un pánico interior, no tenía otra opción.

Durante los cinco años siguientes, todos pagamos el precio de mi obstinada decisión de seguir casada mientras nuestra familia se deshacía dolorosamente en cámara lenta. Hoy en día, mucho mayor, algo más sabia y finalmente siendo la defensora de la autenticidad que siempre he debido ser, sé que el 10-10-10 hubiera podido interceder a nuestro favor.

Con seguridad, el 10-10-10 tiene un rol especial que desempeñar en los comienzos y en los finales, allí cuando nuestras emociones están más golpeadas y nuestro raciocinio es más débil. Cuando nace un bebé o muere un ser querido, a veces lo único que sabemos con certeza es que nada volverá a ser igual que antes. En esos momentos, el 10-10-10 nos puede guiar hacia ese nuevo futuro, un futuro construido conscientemente.

TENER O NO TENER HIJOS

La montaña rusa de emociones que se experimenta al tener un bebé en realidad puede iniciarse mucho antes de la concepción.

Se puede iniciar, de hecho, con la decisión misma de tener un hijo, un tema que tiene la capacidad de sacar a la luz (o al menos, cuestionar) todos los temas poco tratados en una relación. ¿Qué tan comprometidos estamos? ¿Qué clase de vida queremos? ¿Cuál de los dos trabajará y cuánto? ¿Qué rol tendrán nuestras respectivas familias en nuestra vida? ¿Qué tanta libertad quiere cada uno?

Hace unos años, después de presentar el 10-10-10 a un grupo de especialistas en administración de empresas, se me acercó una mujer llamada Pam que rondaba los treinta años, se desempeñaba como gerente en una empresa de computadores y estudiaba de noche. El aspecto de Pam era serio e intenso —vestido azul impecable, cabello recogido en un moño apretado— pero la expresión de su rostro denotaba algo más que una ansiedad pasajera. Parecía necesitar una respuesta y pronto supe la pregunta: "¿Debo tener un bebé ahora?", me preguntó con urgencia, "¿o esperar hasta después de recibir un ascenso en dos años?"

Pam bajó la voz y, en un susurro, me hizo un rápido resumen de todas las circunstancias que complicaban su decisión. Su esposo, socio del restaurante griego de la familia, quería un bebé de inmediato y creía que el deber de una madre era quedarse en casa con los hijos. Pero

Pam amaba su trabajo, soñaba con una carrera de mucha proyección y no estaba segura de querer tener un bebé *alguna vez*. "Ojalá hubiéramos hablado de esto antes de casarnos, pero estábamos demasiado enamorados", dijo Pam. "Supongo que simplemente me imaginé que el tema se solucionaría solo".

Pam exhaló en una forma que hacía evidente su desesperación. "¿Qué dice el 10-10-10 al respecto?", me preguntó.

Le recordé que todo proceso 10-10-10 comienza por una revisión de nuestros valores personales.

"Bueno, conozco los *míos*", respondió impulsivamente. "¡Sencillamente no son iguales a los de Theo, su madre, su padre, o su hermana! No voy a producir bebés durante diez años y después sentarme a trabajar detrás de una caja registradora".

En ese momento, Pam supo, al igual que yo, que la discusión sobre los bebés en su hogar era síntoma de un problema mayor.

Ambas sabíamos que su decisión ya estaba tomada. Pam solo necesitaba el coraje para vivir su vida de acuerdo a sus convicciones.

TODO DEPENDE DEL MOMENTO

Es evidente que muchas parejas están de acuerdo sobre sus valores. Aun así, es posible que estén en desacuerdo sobre el momento de traer un bebé a sus vidas.

Ajitha y Rohan, si lo recuerdan, estaban ansiosos de

tener un segundo hijo una vez que su matrimonio se reestableció gracias a la decisión 10-10-10 de Ajitha. Pero otro análisis que la pareja hizo conjuntamente utilizando el método, sugirió que debían esperar.

"En el marco de tiempo de diez minutos, ambos sentimos que otro bebé sería como un símbolo de nuestra fortaleza renovada", me dijo Ajitha. "Sinceramente esa sensación nos impulsó; '¡Hagámoslo! Tengamos un bebé ahora mismo". Sin embargo, cuando la pareja contempló los escenarios de diez meses y diez años, su entusiasmo disminuyó por los desafíos y las metas profesionales de los dos. "Francamente, sería muy difícil tener un bebé en los próximos años,", dijo Ajitha. "Ninguno de los dos quiere sacrificar su carrera".

Finalmente, el 10-10-10 ha obligado a la pareja a aceptar la realidad de que, en algún momento, uno de los dos tendrá que ceder para que su hija Laya tenga un hermano. Todavía no han decidido cuál de los dos ni cuándo, pero el 10-10-10 ha mantenido el diálogo abierto y enfocado en su propósito común: dar la bienvenida a un nuevo ser en sus vidas.

HACERLO SOLO

A veces una decisión 10-10-10 no solo nos ayuda a resolver cuándo tener un bebé sino con quién.

Jerri, a quien conozco hace casi diez años, es una higienista dental, divorciada dos veces que tiene alrededor de cuarenta años. Jerri creía que estaba saliendo con el hombre perfecto; Nick también era divorciado, tenía la custodia de sus hijos adolescentes y un trabajo estable en la rama de la construcción.

Al cabo de un año, la pareja empezó a pelear. Al principio, era por temas sin importancia como los horarios, pero pronto las peleas empezaron a extenderse a asuntos mayores, como el comportamiento de los chicos.

Finalmente, la relación llegó a una encrucijada inesperada. Nick le pidió a Jerri que se casaran. Un compromiso serio, pensaba él, resolvería sus problemas.

Emocionada y aturdida, Jerri aceptó.

Sin embargo, las disputas continuaron.

Un día, Jerri me pidió que hiciera con ella un análisis 10-10-10 a la pregunta ¿Debe Jerri casarse con Nick ya mismo o esperar un año y darse más tiempo para planear el evento?

Sin embargo, habiendo apenas terminado de revisar las consecuencias en el escenario de diez minutos, Jerri alzó las manos. "Olvídalo, tenemos que casarnos *ya*", declaró. "No puedo esperar más para tener un bebé. Necesito ser madre. Estoy lista. Es lo único que quiero en la vida".

Le insistí en que pensara en las implicaciones en un lapso de diez años de ese valor. Quedó sorprendida por un momento y después dijo: "No es bueno".

Jerri siempre había sido una persona muy independiente, con mucha necesidad de "tiempo a solas", como ella misma lo expresó. Más aún, al haber sufrido dos decepciones matrimoniales, Jerri en esencia no confiaba en la institución del matrimonio ni en el compromiso que exigía. "Quiero hacerme cargo de mi propia vida sin que nadie sea mi dueño", me dijo, mientras continuábamos con el ejercicio. "Nick tiene una imagen del matrimonio y yo tengo otra. No puedo meter un bebé en esto". Darse cuenta de esta realidad fue particularmente doloroso para Jerri, pues ella había sido educada por unos padres que peleaban constantemente.

Con tristeza y alivio a la vez, Jerri terminó su relación con Nick. Hoy está explorando alternativas para convertirse en madre soltera mediante la adopción.

"Nada de vestido de novia ni ramo", dice, "pero pienso que estoy encaminada hacia mi propia versión de una familia; una familia que realmente podría funcionar porque es el tipo de hogar que sé que quiero".

ESE MALVADO DIABLILLO HORMONAL

Llevaba seis meses trabajando como consultora gerencial en Bain & Company cuando mi jefe Andy Wasynczuk me llamó a la sala de reuniones para hacer la revisión de mi desempeño. Además de ser un gran mentor, Andy era un gran amigo y yo sabía, aun antes de comenzar la reunión, que en general él estaba satisfecho con mi trabajo.

La primera parte de nuestra conversación se desarrolló tal como lo esperaba, pero después Andy pasó a discutir cómo podría yo mejorar mi desempeño. Por ejemplo, insinuó que yo no estaba usando particularmente bien mi tiempo al obsesionarme con la calidad estética de mis diapositivas en PowerPoint.

"¡A ti qué te importa!", refunfuñé. "No me pagan por hora".

Atónito, Andy tomó el comentario como un chiste y continuó.

"Otra cosa para pensar es tu dependencia del análisis de regresión", dijo. "Existen otras herramientas computacionales que funcionan igual y a veces son más apropiadas".

"¿Tienes algún *problema* con el análisis de regresión?", lo interrumpí. "Me parece muy raro en una persona con formación de ingeniero".

"No es precisamente que tenga un problema con la regresión", respondió Andy pacientemente; pero entonces, al observar mi expresión petulante, paró en seco. "Continuemos con esta conversación más tarde", dijo en tono perplejo. "Definitivamente hoy no estás de ánimo para escuchar".

"Acostúmbrate", le dije. "Esta soy la *nueva* yo".

Bueno, era la yo *embarazada*. Aunque mi humor finalmente se compuso, mi reunión con Andy fue el primer encuentro con el perverso diablillo hormonal que invade el cuerpo durante el embarazo.

Ese diablillo también se puede enloquecer por completo después del parto, especialmente cuando se topa con el agotamiento, su mejor amigo y compañero del alma.

Ahora bien, no estoy hablando de nada clínico, como la severa depresión posparto que puede afectar a algunas madres primerizas. Tales situaciones ciertamente requieren orientación profesional o intervención farmacológica.

No, me refiero a la locura normal ocasionada por un

bebé recién nacido. La que hace decir cosas hirientes a las personas que se preocupan por uno y obliga a tomar decisiones como si no existiera el mañana. La clase de locura que parte de la suposición de que sólo existe el ahora, el minuto presente y que una mamá se siente cansada y gorda, y que la casa está desordenada, y que nadie ayuda, y que el bebé no está defecando bien. Y la mamá se siente cansada y gorda —*muy* cansada y *muy* gorda.

Esa clase de locura.

Y CON EL BEBÉ SOMOS TRES

Bethany había deseado un bebé durante mucho tiempo y pasó su embarazo en un estado de feliz expectativa alistando la cuna, preparando alimentos orgánicos caseros para el bebé y escogiendo unas hermosas tarjetas que anunciarían su nacimiento. A ella y a su esposo Juan les emocionaba particularmente experimentar el nacimiento en casa con la ayuda de una partera, evitando así cualquier intervención médica.

Pero la pareja aprendió su primera lección de ser padres cuando Bethany entró en trabajo de parto irregular tres semanas antes de la fecha esperada: los bebés tienen sus propios planes. Santiago nació por operación cesárea de emergencia.

Al regresar del hospital, nada siguió saliendo como lo habían planeado. Bethany no podía lograr que Santi aceptara el seno y tuvo que recurrir a teteros. El bebé tampoco "se acomodó a un horario" como lo pronosticaban los libros de maternidad que Bethany había leído. A las seis semanas, dormía todo el día y quería jugar toda la noche. Cuando Bethany creía que ya no se podía sentir más agotada, a Santi le dio un resfrío que exigía la aplicación de un medicamento con un gotero cada dos horas, todo el día.

Bethany llamó a Juan a la oficina para informarle lo que estaba pasando. "Necesito que vengas a casa y cuides al niño mientras yo duermo", dijo. "Te lo suplico, así puedo quedarme despierta con él toda la noche".

Juan guardó silencio por un largo rato. "Supongo que eso significa que no vas a ir conmigo", respondió en voz baja. "¿Recuerdas este fin de semana? Es la boda de Julia y Greg".

Bethany tiró el teléfono, casi trémula de ira. Claro que se acordaba de la maldita boda. Al fin y al cabo, Julia era *su* prima pero, dadas las circunstancias, había asumido que Juan no asistiría.

Agarró su celular y le escribió un mensaje de texto a Juan: "Nunca te perdonaré" fue todo lo que dijo.

Bethany aún estaba furiosa cuando su madre pasó más tarde a dejar el mercado. Aunque entendía a su hija —Bethany nunca se había visto más descompuesta— le sugirió que analizara la situación con el 10-10-10. Plantearon la pregunta así: "¿Debe Juan asistir a la boda?" y empezaron el ejercicio.

En el horizonte de diez minutos, cuidar sola a Santi durante el fin de semana le pareció a Bethany una carga demasiado pesada. Su madre ofreció ayudarla, pero su reflexión fue "No puedes estar aquí veinticuatro horas al día. Papá te necesita".

De todas formas, la madre de Bethany le insistió en que imaginara el fin de semana sin la compañía de Juan. ¿No había algún escenario en que su ausencia fuera tolerable?

"No", afirmó Bethany categóricamente, poniendo en blanco los ojos. "Ninguno".

Luego, en el escenario de diez meses, su madre le preguntó: "¿Cómo serían las cosas si Juan se quedara en casa este fin de semana?".

Bethany captó de inmediato el mensaje que había detrás de la pregunta de su madre. Como esposo, Juan no exigía mucho. Había sido de gran ayuda con Santi al dejar de lado todas sus actividades después de la oficina incluyendo el gimnasio, su forma favorita de relajarse. Si Bethany le exigía que también faltara a la boda, su resentimiento podría persistir indefinidamente. En cambio, si asistía a la boda podría hallar energía renovada para ayudarla a ella en las siguientes semanas y meses.

Bethany y su madre pasaron al cuadro de diez años. "Está demasiado lejos para importar", dijo Bethany, desechando la idea. "Santi estará en el colegio. Tendremos otros hijos. Yo habré recuperado el sueño. Todo será normal".

De repente, se rió de su descubrimiento accidental. "Y esta crisis será un recuerdo lejano", dijo. "Debo estar exagerándola por estar tan cansada".

Se le ocurrió una idea justo cuando sonó el teléfono.

Era Juan que llamaba a retomar la discusión. "Tengo una mejor idea", respondió Bethany, sorprendiéndolo con su repentino entusiasmo. "¿Por qué no vamos los tres? Todos quieren conocer a Santi y Dios es testigo de que él se puede quedar despierto toda la noche bailando con nosotros".

El solo escuchar el plan en voz alta entusiasmó a Bethany. "Santi nos está manejando", le dijo a Juan. "Tenemos que manejarlo a él. Tenemos que incorporarlo a nuestra vida y no al contrario".

"Me encanta la idea", exclamó Juan.

En su alterado estado físico y emocional, Bethany había estado viviendo muchas cosas al mismo tiempo. Pero con la ayuda del 10-10-10 empezó a ver que las cosas podían cambiar si ella asumía la responsabilidad de forjar los momentos de su vida y controlar los sentimientos que le producían en los días, meses y años por venir.

DE UN EXTREMO A OTRO

Tal vez sueno como si tuviera amnesia. Hoy mi hijo mayor tiene veinte años y la menor, catorce. Puede ser que haya olvidado que cuidar una nueva vida hace muy difícil pensar en crear una vida propia.

O tal vez acabo de llegar a esa conclusión.

Cuando Sophia era bebé, era tan tranquila que la llamábamos nuestra pequeña Buda. Nunca armaba escándalo, nunca lloraba. Al cumplir dos semanas ya dormía toda la noche. Cuando terminaba de amamantarla, solía mirarme con una sonrisa de ensoñación como diciendo "Bien hecho, Ma".

Pero en su adolescencia recuperó el tiempo perdido. Y sí que lo hizo. Cuando tenía quince años, era tan indisciplinada —me ha prohibido que cuente los detalles—, que un día me senté en el sofá de la sala a llorar sin parar, con grandes sollozos, durante unas dos horas. Esa no fue la última vez. Sin embargo, a los diecisiete años había vuelto a ser Buda; era una estudiante equilibrada y reflexiva, una amiga fiel, una hija madura y cariñosa.

Eve fue la bebé más hosca jamás vista; era gruñona, dura y tan irascible que parecía que la palabra "quejumbrosa" hubiera sido inventada para ella. Ni siquiera Abby, el perro más tierno del mundo, podía soportar su fastidio permanente. En el único episodio de mala conducta canina que tuvo, mordió a Eve en la cara. En urgencias, mientras esperábamos que suturaran a Eve, una enfermera preguntó si el problema era el perro.

"No", le dije, "es la niña".

No obstante, en la última reunión de padres de familia me informaron que "Eve llena el salón de alegría. Es amable y amigable con todos. Es pura bondad".

"Si la hubieran conocido antes", pensé para mis adentros.

Mi amiga Marybeth Turner solía preocuparse porque su hija Caroline era encantadora pero no pasaba de ser una niña común y corriente. "Me temo que a Ryan le tocaron todo el talento y la inteligencia", solía decir, refiriéndose a su hijo mayor. "Caroline va como flotando por la vida. Me preocupa".

Hace unos años Marybeth inscribió a sus dos hijos en clases de tenis: a Ryan, porque demostró potencial atlético, y a Caroline porque los jueves después del colegio no tenía nada que hacer.

Un día, mientras esperaba en el estacionamiento a que terminara la clase, Marybeth levantó los ojos de la revista que estaba leyendo y vio al profesor de tenis golpeando con frenesí la ventana de su carro. "¿Es usted la mamá de Caroline?", le preguntó. "Estábamos esperando que entrara".

"¿Hay algún problema?", respondió Marybeth con desazón. "¿Van a bajar a Caroline al nivel de principiantes?"

El profesor se veía aterrado. "¿Alguna vez ha *visto* a su hija jugar tenis?", exclamó.

Hoy en día, Caroline está clasificada en el puesto sesenta entre los mejores jugadores de tenis en la categoría de menores de doce años en Estados Unidos.

Los bebés tienen sus propios planes para usted.

Como es apenas natural pensar que no es así, el 10-10-10 está ahí para ayudar.

CUANDO LLEGA LA OSCURIDAD

Un día de primavera del año pasado, mientras llevaba a Roscoe a una cita con el optómetra al norte de Boston —nunca olvidaré que ambos estábamos cantando a todo pulmón una canción de Coldplay que sonaba en la radio—, sonó mi celular. Era Jack; estaba llorando. Un amigo íntimo, demasiado joven y lleno de vida, había muerto de un infarto.

Dimos vuelta en la siguiente salida de la autopista y regresamos a casa a toda velocidad. Iba corriendo escaleras arriba en busca de Jack cuando mi asistente me interceptó. "Tengo muy malas noticias, Suzy", dijo suavemente. La expresión de su rostro era seria.

"Ya sé", grité. "Jack me llamó".

Ella me agarró la mano. "No es sobre Tim. Es sobre Valerie", dijo. La mención del nombre de mi vieja amiga me hizo parar en seco.

"¿Qué pasó?"

"Hubo un terrible accidente automovilístico. Valerie iba manejando y... lo siento, lo lamento. No están seguros de que vaya a sobrevivir".

El impacto fue demasiado fuerte. "Lo logrará", afirmé automáticamente. "Ella tiene mi edad; por Dios, es una mujer fuerte".

Trágicamente, Valerie no tuvo la fuerza necesaria.

En los meses siguientes a ese terrible día, en casa vivimos todas las fases de duelo que lamentablemente muchos conocemos demasiado bien: choque emocional, negación, rabia, negociación y, por último, aceptación. Aún no puedo pasar por la casa de Valerie sin sentir una oleada de incredulidad. Su jardín está ahí. ¿Por qué ella no?

La muerte —injusta, no deseada y casi siempre inesperada— rara vez nos ofrece buenas respuestas. Por eso cuando se lleva a alguien a quien amamos, necesitamos a nuestra familia y nuestros amigos para ayudarnos a salir del estado de confusión del corazón. Necesitamos un marco de referencia para salir adelante.

Alice y James se conocieron en Nueva York a finales de la década de 1980. Ella, una intérprete con dificultades económicas; él, un artista con dificultades económicas. Nunca esperaron llegar a casarse —James sufría de una ansiedad severa que le quitaba mucha energía—, pero cuando Alice supo que estaba embarazada, tomaron el metro hasta la Alcaldía e intercambiaron anillos de papel de aluminio. Poco después nació Hugo y a los dos años llegó Leo, su segundo hijo. Alice aceptó un empleo como profesora de música para mantener la familia a flote mientras James se dedicaba de tiempo completo a la escultura.

Un casamiento a la fuerza y una mala situación económica normalmente no son presagio de un matrimonio feliz, pero para Alice y James sí lo fueron. Lograron reunir suficiente dinero para comprar un ático destartalado ubicado en un sector de expendios de carne; disfrutaron poniéndole al espacio su propio toque, creando, con rollos de velo barato, una carpa que sirviera de habitación para los niños. Alice llegó a amar su trabajo y empezó a dar clases particulares de guitarra los fines de semana; se sentía inmensamente orgullosa de ser el sostén de su familia. "Estaba segura de que algún día el mundo descubriría el talento de James", me dijo.

Estaba en lo cierto. Tras una década de anonimato, James fue contratado por una reconocida galería y sus obras se empezaron a vender con regularidad. Alice renunció a su trabajo; cuando los niños tenían diez y doce años, la familia se mudó a Greenwich Village. Aunque con mejores condiciones económicas, la ansiedad de James persistía y su éxito pareció agravarla. A medida que aumentaba la presión por producir más piezas, James empezó a automedicarse una mezcla de fármacos y alcohol.

Un día, mientras Alice estaba en el supermercado, murió por sobredosis.

Durante varias semanas después de la muerte de James, Alice se sintió como una sonámbula. En la mañana, llevaba a los niños al colegio, veía televisión todo el día, preparaba la cena y se aseguraba de que toda la familia estuviera acostada a las nueve de la noche. "Pienso que estaba llena de rabia", recuerda Alice. "Bloqueaba todo para sobrevivir el día a día. Tenía que mantenerme centrada por el bien de los niños".

Unos seis meses después de la muerte de James, Alice tuvo claridad suficiente para revisar la cuenta bancaria de la pareja. El saldo la dejó aterrada: había apenas suficiente para pagar las cuotas de hipoteca de la casa por lo que restaba del año.

"¿Qué hago?", se preguntó, parada frente al banco, con la primera nieve de la temporada cubriéndole los hombros. Pensó escaparse a Jamaica dejando sus hijos al cuidado de su hermana, o tal vez llevándoselos para comenzar de nuevo desde cero. Sabía que ambos planes eran una locura, pero ¿había algún plan que tuviera sentido? Sola, en medio del frío, Alice cayó de rodillas sobre el andén y empezó a llorar.

Una anciana que pasaba por ahí corrió hacia ella.

"¿Se encuentra bien?", exclamó, y alzó a Alice del brazo. "¿Pido una ambulancia?"

"Necesito a mi hermana", finalmente logró decir Alice. Al entregarle su celular a la mujer, oprimió la tecla de marcado rápido para hacer la llamada.

A la mañana siguiente, Alice y sus hijos se sentaron en la sala y, con la ayuda de su hermana, trataron de visualizar su futuro con el 10-10-10. Su pregunta: ¿Qué hacemos?

En el escenario de diez minutos, ninguno de los miembros de la familia soportaba la idea de un cambio. Los niños no querían dejar a sus amigos de la escuela ni el hogar que habían tenido con su padre. Alice insistía en que en su estado emocional, era imposible mudarse o ponerse a trabajar.

Con suavidad, la hermana de Alice le inyectó una dosis de realidad al ejercicio. La situación económica de la familia, dijo, era precaria.

"¿Cómo nos podemos quedar en nuestro apartamento y en nuestra escuela?", preguntó uno de los niños. Alice se devanó el cerebro buscando una respuesta. "Podría tratar de vender las esculturas en que su papá estaba trabajando cuando murió", dijo, sorprendiéndose con la idea. "O podríamos buscar un lugar más pequeño donde vivir".

Durante la siguiente media hora, la familia sopesó diferentes opciones y, por primera vez desde la muerte de James, Alice sintió que estaba presente en el espacio y en el tiempo.

Cuando la conversación empezó a decaer, la hermana de Alice propuso contemplar el escenario de diez años.

¿Qué clase de vida querría la familia en esa época?, preguntó.

Ambos niños hablaron a la vez. Ya habían acordado que asistirían a la misma universidad en alguna parte —tal vez en Boston o en la costa oeste— y esperaban poder hacer un viaje con la mochila al hombro por Europa en unas vacaciones de verano.

Mientras conversaban sin parar, Alice vio algo nuevo: sus hijos estaban creciendo y progresando. Eso no era malo; era inevitable; era necesario.

¿Qué implicaba eso para su propia vida?

Sabía que debía volverse autosuficiente. Era obvio. Necesitaba un empleo, una profesión.

Había llegado a una decisión. "La pregunta no es si debemos cambiar nuestra vida", les dijo a sus hijos. "Tenemos que hacerlo".

En el transcurso del año siguiente, Alice vendió algunas de las obras de James para fortalecer las finanzas de la familia y regresó a su antiguo cargo como docente. Lo que más la entusiasmaba era un trabajo "adicional" como asesora de un servicio de música en línea, un nuevo negocio.

Justo después del primer aniversario de la muerte de James, la familia vendió el apartamento y se mudó a una vivienda más pequeña en el mismo sector. Los ingresos por la venta del ático cubrirían la educación de los muchachos por muchos años.

Por supuesto, toda pérdida como la de Alice tiene repercusiones durante años. Aun con la ayuda del 10-10-10, Alice y sus hijos vivieron horas de indecible tristeza y sufrimiento. Pero Alice ya no se permite vivir solo los desafíos del presente y las incógnitas del futuro lejano. Mantiene la mirada en el horizonte cercano, un lugar donde la gracia y la esperanza parecen encontrarse.

ARREPENTIRSE DEL ARREPENTIMIENTO

Después del funeral, me conmovió la cantidad de gente que se me acercó para agradecer las palabras que pronuncié sobre mi amiga Valerie. Descubrí que lo que la mayoría quería expresar realmente era cuánto lamentaban no haberle dicho a Valerie cuánto la querían mientras tuvieron la oportunidad.

Uno de los aspectos más difíciles de vivir en el espectro de la muerte es lidiar nuestro sentimiento de arrepentimiento.

Jack y yo estábamos trabajando en Europa cuando el cirujano de mi madre nos ubicó. Su llamada fue inesperada, por decir lo menos; los reemplazos de rodilla normalmente son bastante sencillos.

Mi madre había salido airosa de la operación. Había conversado con mi padre y había comido algo. Pero en algún momento de la noche, un coágulo de sangre se desprendió de su rodilla y se desplazó al cerebro.

Después de que el cirujano nos dio la noticia, mi hermana Della pasó al teléfono. "Suzy, voy a colocar el auricular en el oído de Mamá", dijo llorando. "Creo que te puede oír. Pienso que... debes despedirte".

Jack me abrazó fuertemente y yo también lloré. "Te amo, mamá, te amo", dije, "y lamento tanto no haberte agradecido más por todo, todo lo que hiciste por mí. Nunca te agradecí lo suficiente".

Cuando Jack y yo llegamos al hospital a la mañana siguiente, mi madre seguía resistiendo. Recogida en la cama, agobiada por aparatos, con los ojos cerrados, parecía que ya había muerto. Mi padre estaba sentado en una silla en un rincón, aturdido e inmóvil.

Nuestra vigilia duró tres semanas. Mi madre iba y volvía, y cuando volvía, estaba tan lejos que mis hermanas y yo solo podíamos sostener su mano para reconfortarla. Era inalcanzable.

No había decisiones que tomar en ese terrible momento. La decisión no la tomaríamos nosotros.

Mi madre era una luchadora. Aún lo es.

Hoy en día, a sus ochenta años, ha vuelto a jugar tenis. "Mis rodillas me hacen una supermujer", le gusta decir.

Sus rodillas, y lo que casi ocasionan, me dieron una lección con respecto a todas las decisiones que como hija he debido tomar y no tomé. Me mostraron la cantidad de ocasiones en que he debido considerar el dolor irrevocable de la pérdida —y la agonía del arrepentimiento— en mi raciocinio. Hoy en día, cuando utilizo el 10-10-10, pienso en todas esas cosas cuando necesito hacerlo: cuando las decisiones implican soltar o desprenderse de algo; cuando exigen distanciamiento y perdón. El 10-10-10 nos ayuda a evitar el arrepentimiento. Ahora sé cuán difícil puede ser despedirse cuando estamos vivos y tomamos decisiones como si el adiós nunca llegara.

Gracias, mamá, también por eso.

"DE MI ARCO..."

Cuando mis hijos estaban pequeños, los llevé a la playa un día de verano con Elin, mi hermana mayor, y mi amiga Lori. En esa época los hijos de Elin ya eran adolescentes inmersos en otras actividades y Lori estaba embarazada por primera vez. Era comprensible que las dos pudieran acostarse sobre una toalla, conversar y leer en el sol como si no tuvieran preocupación alguna en la vida. Entre tanto, yo debía permanecer de pie a la orilla del mar, próxima a sufrir un infarto viendo a los cuatro pequeños jugar en el fuerte oleaje. "Alguien va a morir", pensaba sin cesar. "Aquí, bajo mi cuidado, uno de mis hijos va a ser arrastrado mar adentro y entonces yo iré a rescatarlo y me dejaré arrastrar por una corriente submarina y moriré también".

Una hora más tarde, cuando por fin había logrado persuadir a mis hijos de que salieran del agua para almorzar, me desplomé por unos minutos para recuperarme.

"¿Qué sucede?", me preguntó Lori. Por el dulce tono de su voz, me di cuenta de que ignoraba las horas de feliz tormento que le esperaban.

"Suzy se enloquece un poco cuando piensa que sus hijos se van a ahogar", afirmó mi hermana.

"¿Ya no te acuerdas?", respondí bruscamente.

"Lo recuerdo perfectamente". Elin se rió. "Pero no te preocupes. Estarás leyendo revistas en la playa más pronto de lo que crees".

"No sabré cómo hacerlo", le dije. "En cuatro años no he tenido tiempo de leer un solo libro".

De repente, Lori se animó. "Lee poesía", sugirió. "Igual placer en una fracción del tiempo. Te enviaré unos cuantos libros".

Tengo que reconocer y agradecer a Lori por haberlo hecho; gracias a su estímulo, la poesía se convirtió en mi apoyo y consuelo a través de los años mientras mis hijos aprendían a nadar, en más de una forma.

En algún momento durante ese período, me encontré con el poema "La promesa de mamá", de Marylin Nelson. Lori tenía razón. En el tiempo que me tomó leer esas escasas sesenta y tres líneas, finalmente supe que no soy la única en sentir la ironía agridulce de ser madre: al dar a nuestros hijos la vida, también les damos peligros, sufrimiento y pérdidas. *"De mis manos, la manzana envenenada"*, escribe Nelson; *"de mi arco, el dardo de muérdago"*.

Ojalá no fuera así. Sin embargo, los inicios y los cierres son parte de la condición humana. *Son* la condición humana.

Todos vivimos; todos morimos. En el intervalo, tenemos el privilegio de decidir cómo hacerlo.

CONCLUSIÓN

La lista de la felicidad

Hace tres años, Jack y yo asistimos a una maravillosa fiesta de Año Nuevo. La casa del anfitrión estaba decorada con docenas de faroles brillantes, los meseros daban vueltas llenando las copas de los invitados y un grupo de jazz llenaba el ambiente de música. Alrededor de las diez de la noche, una campana anunció la cena y fuimos conducidos a una gran carpa iluminada con candelabros y engalanada con flores. Si alguna vez hubo un momento para pensar "La vida es maravillosa", fue ese instante.

Pero entonces algo extraño sucedió. Tan pronto nos sentamos con nuestros amigos —éramos ocho en la mesa— en lugar de escuchar las expresiones de asombro y admiración que uno podría esperar, una pareja nos acalló.

"Es una locura, te digo. Estamos intentando hacer una lista desde la semana pasada", exclamó la esposa, "y no hemos logrado identificar ni una docena de personas que sean realmente felices". Ella sacó una hoja de cuaderno de su brillante bolso de noche y la alzó para que todos la viéramos. Efectivamente, era una lista de nombres; todos, menos dos o tres, estaban borrados. "Estábamos ansiosos por reunirnos con ustedes esta noche porque nos parece increíble", agregó el esposo a modo de explicación. "¿Puede alguno de ustedes nombrar una docena de personas que califiquen?"

"¿Por ser *felices*?", preguntó Jack con incredulidad.

"Sí, exactamente", respondió la esposa, sacudiendo la cabeza como si ella misma no pudiera creer la respuesta. "Los desafío. Identifiquen a doce personas que realmente estén viviendo la vida que quieren. Adelante".

A partir de su invitación, cada pareja alrededor de la mesa inició una charla aparte. La lista de Jack y la mía salió rápidamente, pero con igual velocidad tachamos nombres por una u otra razón. Entonces, justo cuando estábamos acercándonos al objetivo, un señor en la mesa carraspeó para captar la atención de todos.

"Bueno, señoras y señores, sé que esto es una sorpresa para ustedes, pero por favor sáquenme de sus listas", dijo. "No soy feliz. No puedo serlo. Soy irlandés". Nos morimos de risa pero nadie estuvo en desacuerdo. Quien hablaba era una persona maravillosa —gracioso, inteligente y querido— pero era un verdadero gruñón, comprometido con la idea de Hobbes de que la vida es desagradable, brutal y corta.

"Ocasionalmente soy feliz", añadió su esposa, "pero no lo seré *plenamente* hasta que nuestros hijos estén organizados". Hizo una pausa mientras todos asentíamos enfáticamente. "Y no estoy estresada por mi trabajo. Y he perdido siete kilos".

Las otras dos parejas de la mesa pusieron en consideración unos cuantos nombres, pero la mayoría fueron descartados.

"Demasiado amargado".

"Odia a su esposa".

"Vive de apariencias".

"Jack es feliz", propuse finalmente, lo cual generó el consenso general. "Sí, él estaba en nuestra lista", dijo la primera esposa, agitando su hoja de papel.

"Y yo soy feliz", añadí tímidamente, al percibir que tal vez no había pasado la prueba.

Aparentemente sí lo había logrado. "Eres un poco intensa", dijo la esposa, "pero mucho menos que antes".

En medio de todo esto, sirvieron la sopa pero ninguno de nosotros pareció notarlo. Estábamos absortos —y frustrados— en la tarea de elaborar la lista de la felicidad.

Casi todos logramos citar uno o dos nombres; una amiga nominó a una profesora de yoga que conocía, quien vivía con su esposo artista en un granero remodelado en la hacienda de sus padres al norte de Boston. Pero otros protestaron por la elección. Otro invitado se autopostuló para la lista, pero su esposa intervino: "¿Cuándo fue la última vez que dormiste toda la noche sin la ayuda de una pastillita blanca?".

Su avergonzada respuesta: "Tengo que hacerlo; de lo contrario, me levanto cada hora a revisar mi Blackberry".

En medio de las risas, de repente sentí que Jack se enderezó. "Jim y Linda son felices", me susurró, al poner en consideración una pareja que conocíamos bien. De hecho, acabábamos de asistir a la fiesta del sexagésimo cumpleaños de Jim, una celebración sacada de un cuadro de Norman Rockwell.

"¡Bien, tenemos dos nominados!", informé a todos en la mesa.

Y así continuó la velada durante al menos otra media hora; cada pareja se esforzaba por elaborar una lista con una docena de personas cuya felicidad se pudiera certificar. No era necesario que los candidatos no tuvieran heridas de guerra; ni siquiera se necesitaba que fueran exitosos según los estándares normales de la sociedad. Todos concordamos en que solo necesitaban estar en paz consigo mismos.

Lo peor es esto: al final de la velada, habíamos recopilado entre todos once nombres. Solo once personas felices de los cientos que conocíamos en nuestras diversas actividades.

"Qué dato tan perturbador", dijo resumiendo uno de nuestros amigos cuando sirvieron el postre; paradójicamente, la pista de baile empezó a llenarse de gente con aspecto feliz. "¿Qué está pasando en este mundo?"

"Demasiada presión", dijo alguien encogiéndose de hombros. "La tecnología hace que todo sea tan rápido".

"Son los medios", señaló otro amigo. "Uno prende el televisor y ve que todos los demás tienen una casa mejor, un auto mejor, un trabajo mejor y una vida mejor". Suspiró. "Los medios crean envidia".

Hubo una breve pausa mientras todos nos mirábamos impotentes.

"Demasiadas decisiones, muy poco tiempo", alguien dijo finalmente.

"¡Así es!", me oí exclamar.

Justo en ese momento, Jack me agarró la mano. "¡Ya es suficiente!", manifestó. "Oficialmente me declaro feliz y mi esposa también. Vamos, todos a bailar".

Bailamos hasta que el reloj marcó la medianoche e hicimos lo que hace la gente en las grandes fiestas: nos besamos, nos abrazos e imaginamos nuevos comienzos. No me estoy quejando; fue una noche maravillosa. La orquesta estuvo estupenda; mi traje sin tiras no se cayó. Cuando llegó la hora de despedirnos de nuestros amigos, todos sabíamos que nunca olvidaríamos la charla que habíamos compartido.

Pero esa noche tuvo un significado adicional para mí. Hasta ese momento había compartido el 10-10-10 con mi familia y mis amigos; con compañeros de trabajo y con lectores de mi columna. Pero la Lista de la Felicidad —o más bien la dificultad para hacerla— me impulsó a difundir el 10-10-10 más ampliamente. Al fin y al cabo, si las decisiones complejas eran las responsables de la escasa felicidad que habíamos descubierto, yo tenía una respuesta para ello. Conocía una manera de enfrentar los dilemas que empoderaba a la gente para crear una vida más planeada, centrada y auténtica. No era una pastilla mágica ni una bala de plata. Requería trabajo emocional; exigía compromiso y franqueza. Pero, por su simplicidad y claridad, el 10-10-10 funcionaba.

Lo había visto; lo había vivido. Conocía más y más gente que estaba utilizando la idea y viendo la transformación de su vida.

Esa noche, mientras conducía a casa, decidí contar sus historias.

Y aquí estamos, técnicamente en el punto de haber cumplido esa promesa. Pero este momento no me parece el final. Si algo he aprendido durante el proceso de escritura de este libro es que una vez que el 10-10-10 entra en su vida, será su compañero por tanto tiempo como le permita trabajar dentro de y para usted.

El 10-10-10 aún acompaña a Antoine mientras realiza el sueño de su vida de fomentar la compasión, abordando a un cliente de servicio social a la vez. Está con Ajitha, quien recientemente pasó por mi casa para contarme que su matrimonio sigue siendo feliz. Está con Nancy, quien todos los días toma decisiones que le permiten ser esposa e hija en la medida apropiada. Aún está con Ángela, quien hace poco pintó la sala de su color favorito: amarillo encendido; y con Maggie, quien hace poco le dio la bienvenida a Connor después de pasar tres semanas maravillosas en un campamento de verano, como cualquier chico normal.

Por supuesto, el 10-10-10 también me acompaña, me ayuda a vivir con más sabiduría y entendimiento. Está con mis hijos mientras aprenden y crecen sin ninguna varita mágica a la vista.

En Hawái, lo último que hubiera imaginado es que el amanecer traería una nueva idea que cambiaría mi vida. Una extraña y maravillosa noche de Año Nuevo, más de una década después, me di cuenta de que esa nueva idea estaba destinada a todos aquellos que buscan una salida y un camino a seguir.

Si lo atrae la transformación, el 10-10-10 está hecho para usted.

Agradecimientos

Una vieja amiga mía del sector editorial me dijo una vez: "No hay nadie que termine de escribir un libro y diga 'Fue más fácil de lo que pensé' ".

Tenía mucha razón. Escribir un libro no solo es más difícil de lo que uno piensa; también requiere la orientación, la paciencia y el amor de más personas de las que uno imagina.

Quisiera agradecer aquí a esas personas.

En primer lugar, este libro no habría sido posible sin la generosidad, las cualidades humanas y la franqueza de los muchos practicantes del 10-10-10 que compartieron sus historias conmigo. Estaré eternamente agradecida con los amigos, colegas y familiares que abrieron su corazón para describir la forma en que el 10-10-10 cambió sus vidas, y con los muchos desconocidos que se convirtieron en queridos amigos al hacerlo.

Este libro fue moldeado, nutrido y mejorado en forma inconmensurable por el estupendo equipo editorial de Scribner: Susan Moldow, Roz Lippel, Nan Graham y Samantha Martin.

El capítulo sobre la toma de decisiones se debe al psicólogo y autor Daniel Goleman; a Nigel Nicholson, profesor de comportamiento organizacional en el London

Business School; a Stephen Martin, antiguo miembro del departamento de filosofía de la Universidad de Tufts. El capítulo sobre valores fue enriquecido por la sabiduría de Ken Shigematsu, pastor de la Iglesia de la Décima Avenida en Vancouver.

Varios amigos me escucharon pensar en voz alta mientras este libro tomaba forma, hicieron comentarios invaluables y leyeron los borradores de mi manuscrito mientras las ideas pasaban de mi mente al papel: Nancy Bauer, Chris Daly, Liz Feld, Bronwyn Fryer, Sue Herera, Betsy Lack, Joe Tessitore, Marybeth Turner y Rebecca Wasynczuk. Siento especial gratitud hacia Tina Brown por su aguda retroalimentación y motivación, y con Rosanne Badowski por su meticuloso trabajo de edición y su compañía permanente.

Otros amigos me brindaron grandes dosis de consuelo y alegría a lo largo del camino: Jeremy Bromberg, Brenda Buttner, Pam Goldman, Susan Krakower, Elaine Langone, Linda Robinson, Linda Tullis, Kim McKown Walters y Jackie Welch. También agradezco a Sue Jacobson por su constante flujo de mensajes de texto para mantenerme centrada, y a Skye Swett por ser mi apoyo durante la última década.

Tuve la bendición de contar con el constante amor y apoyo de mis hermanas, Elin Kaufman y Della Cushing.

Mi agente Robert Barnett fue fuente de constante fortaleza y orientación.

Estoy inmensamente agradecida por la paciencia y comprensión de los "jefes" en mis otros trabajos mientras me dedicaba a trabajar para este libro: los editores de

Business Week, John Byrne, Ciro Scotti y Barry Maggs; mi buen amigo y editor del *New York Times* Syndicate, Michael Oricchio; mi editora de *O, The Oprah Magazine*, Mamie Healy; mi roca y mi apoyo, Janelle Shubert, directora del Centro de Liderazgo Femenino en Babson College; y las santas en vida del *Boston Health Care for the Homeless*, Cheryl Kane y Linda Wood-O'Connor.

A mis hijos Roscoe, Sophia, Marcus y Eve también les tocó su parte debido a mi distracción con todo lo relacionado con el 10-10-10; aun así lograron mostrarme su amor todos los días reportándose constantemente, siendo graciosos y amables y trayéndome té helado justo en el momento en que más lo necesitaba. Les doy las gracias por permitirme compartir sus historias en estas páginas sin demasiada histeria ni drama.

Por último, no habría podido escribir este libro —así de simple— sin dos personas.

Cuando conocí a mi asistente editorial Megan Slatoff-Burke, me di cuenta de que era inteligente pero no tenía idea de cuán intensa y maravillosamente inteligente podía ser. Tampoco sabía cuánto llegaría a depender de sus convincentes objeciones, su habilidad con el lenguaje y su compromiso incansable. Megan leyó cada palabra de este libro —mil veces— e hizo que cada oración y capítulo fuera incalculablemente mejor. Gracias, Megan, por todo lo que has hecho y harás en tu brillante carrera.

Solo queda mi esposo, Jack.

No hubo un día —ni una hora— durante la escritura de este libro en que Jack no fuera mi mejor amigo, mi más ferviente partidario y mi más duro crítico. Mientras yo viajaba por el país entrevistando a los practicantes del 10-10-10, Jack era el primero en oír sus historias; yo generalmente las repetía a través de una mala conexión de celular, pero su entusiasmo nunca decayó. Luego, cuando me encerré a escribir en un pequeño cuarto, Jack me toleró como ningún otro. Me escuchó reflexionar; me animó cuando las cosas parecían demasiado difíciles. Leyó todo lo que escribí, con un bolígrafo rojo en la mano. La verdad es que él ha debido ser editor.

Tener a Jack es la mayor bendición de mi vida.

APÉNDICE A

La excavación de valores del 10-10-10

Los valores son la "aplicación exterminadora" del proceso 10-10-10 o, para usar una frase con un giro más benigno y más gentil, son la "salsa secreta" del 10-10-10.

Pero poniendo a un lado las metáforas, la cuestión es la misma. Sin valores, el 10-10-10 es un instrumento rápido y efectivo para sacar a la superficie decisiones alternativas, lo cual es bueno y está bien. Pero con los valores como parte integral de la disciplina, el 10-10-10 se convierte en una poderosa estrategia para construir una vida auténtica, sincronizada con nuestras verdaderas prioridades, sueños, esperanzas y creencias.

En el capítulo tres, exploro el tema de los valores de manera conceptual y holística, definiendo el término y explorando cómo los valores personales emergen, cambian y se manifiestan en nuestras vidas, con o sin el 10-10-10. También presento el argumento de que, a pesar de todo lo que se dice acerca de "los valores" en nuestra cultura, no conocemos realmente cuáles son nuestros valores personales. Claro, la gente le dirá que su prioridad es "la familia", o "la seguridad" o el "éxito", cuando el tema de los valores surge en una conversación. Pero el 10-10-10 nos exige que reflexionemos sobre nuestros valores en un nivel menos genérico. En realidad, para que el 10-10-10 pueda desatar su poder total, éste requiere que sepamos quiénes somos de una manera muy precisa y matizada.

Desde luego, semejante autoconocimiento puede tomarnos una vida entera de introspección. Pero la mayoría de las decisiones no nos permiten darnos ese lujo. Es por eso que desarrollé el siguiente cuestionario, el cual, en mi experiencia, ha demostrado hacer "saltar" los valores personales de una manera asombrosa. Inténtelo y compruebe por usted mismo.

Comience por hacerse estas tres preguntas muy amplias:

La primera tiene que ver con el legado que esperamos dejar después de vivir la vida que nosotros mismos escogimos: *¿Qué me haría llorar de remordimiento cuando cumpla setenta años?*

____

____

____

La segunda tiene que ver con la persona que deseamos crear con nuestras acciones:
¿Qué deseo que la gente diga de mí cuando no esté presente?

____

____

____

Y la tercera tiene que ver con el estilo de vida que procuramos llevar y disfrutar por nuestra cuenta o con aquellos a quienes amamos:

¿Qué es lo que me gusta de la manera que mis padres viven y qué me disgusta?

____

____

____

También explico en el capítulo tres que todos tenemos valores que son más específicos en torno a las cinco esferas principales de nuestra vida: el amor, el trabajo, la paternidad, la amistad y la fe. A continuación se incluyen preguntas para ayudarlo a explorar más profundamente cada una de estas áreas.

Recuerde, no hay respuestas correctas o incorrectas. El propósito aquí es ayudarlo a evaluar sus propios valores con verdadera sutileza y profundidad de modo que usted pueda incluirlos significativamente en una decisión tomada utilizando el 10-10-10.

EL AMOR

En mi relación ideal, ¿cuánto tiempo comparto con mi pareja y cuánto tiempo estoy solo?

____

____

____

¿Cuánta información acerca de mí me reservo y cuánta comparto con mi pareja?

___

___

___

¿Cuán seriamente tomo el compromiso? ¿Valoro la monogamia? ¿O le doy un lugar más primordial a la libertad y la experimentación?

___

___

___

¿Qué pienso acerca del matrimonio como institución?

___

___

___

¿Me siento cómodo con una pareja que es diferente a mí? ¿O necesito estar con alguien que comparta mis valores? ¿Hasta qué punto?

___

___

___

¿Siento la necesidad de tomar decisiones importantes conjuntamente con mi pareja? ¿O me siento cómodo con que uno de los dos tenga mayor peso o control en la relación?

___

___

___

¿Qué tipo de cualidades deseo que mi pareja aporte a nuestra relación? ¿Qué cualidades me resultan irrelevantes?

____

____

____

EL TRABAJO

¿Cuán fundamental es el trabajo en mi felicidad y bienestar?

____

____

____

¿Cuáles son los factores que motivan mi carrera? ¿El dinero? ¿El prestigio? ¿El desafío? ¿La flexibilidad? ¿La camaradería? ¿Alguna otra cosa totalmente distinta?

____

____

____

¿Qué pienso cuando conozco a alguien que prefiere no trabajar o que no toma su trabajo con seriedad?

____

____

____

¿Tengo el trabajo de mis sueños? Si pudiera hacer otro tipo de trabajo en el mundo, ¿cuál sería?

____

____

____

¿Cuáles son mis talentos? ¿Qué es lo que hago mejor y me ha brindado mayor reconocimiento?

____

____

____

¿Cuántos años quiero trabajar en mi vida? ¿Considero la jubilación una meta o un fastidio?

____

____

____

¿Cuál es mi idea personal acerca del éxito profesional?

____

____

____

LA PATERNIDAD

¿Qué tipos de "enseñanzas paternales" creo yo que los hijos necesitan de sus padres para estar bien criados? Por ejemplo, ¿necesitan de mucho amor o de un amor incondicional? ¿Mucha actividad o tiempo para descansar? ¿Estar expuestos al mundo real o ser protegidos de ese mundo?

____

____

____

____

____

____

¿Creo yo que los hijos necesitan padres que se queden en casa o no?

___
___
___

¿Qué tipo de relación quiero yo forjar con mis hijos?

___
___
___

¿Qué lugar creo yo que los padres ocupan en el espectro entre figuras de autoridad y amigos?

___
___
___

¿Debemos mi pareja y yo ser igualmente responsables de criar a nuestros hijos? ¿O debe uno de los dos funcionar como el principal encargado de cuidarlos?

___
___
___

LA AMISTAD

Cuando pienso en las amistades en mi vida, ¿qué siento? ¿Alegría? ¿Frustración? ¿Ira? ¿Ambivalencia?

___
___
___

¿Valoro el hecho de tener un círculo grande de amigos o sólo unos pocos allegados?

____

____

____

¿Cuánto valor le doy a que otros me consideren un "buen amigo"? ¿Cuánto quiero dedicarme a escuchar las preocupaciones de otros y ayudarlos a resolver sus problemas?

____

____

____

¿Cuán importante es para mí mantener amistades a largo plazo? ¿Estoy interesado en mantener la amistad con viejos amigos que hayan dejado de compartir mis valores? ¿Considero en general estas relaciones una fuente de orgullo o una tarea más?

____

____

____

¿Qué pienso de la importancia relativa en mi vida de los amigos con respecto a mi familia?

____

____

____

¿Cuánto tiempo necesito para mí en contraste con el tiempo que necesito para socializar?

____

____

____

LA FE

¿Cuál es la fuente de mis valores? ¿De dónde vienen mis valores?

___

___

___

¿Cuán grande es el papel que juega la religión en mi vida?

___

___

___

¿Quiero yo incorporar los valores de mi fe a mi vida cotidiana?

___

___

___

¿Hasta qué punto creo que los valores de mi fe deben guiar mis acciones y decisiones?

___

___

___

Ahora que usted ha completado este cuestionario, trate en el espacio que sigue de hacer una nueva lista refinada de sus valores personales a partir de sus respuestas. ¿Qué cosas realmente lo impulsan? ¿Cuáles son sus esperanzas y sueños? ¿Qué es importante para usted? ¿Quién es usted y quién desearía ser?

Apéndice A

1.

2.

3.

4.

5.

6.

7.

8.

9.

10.

APÉNDICE B

El Cuestionario de Proust: cavando más profundamente

Conjuntamente con las preguntas planteadas en el Apéndice A, he encontrado que el "Cuestionario de Proust", que lleva el nombre del memorialista francés Marcel Proust, puede rápida y poderosamente impulsar cualquier proceso de "excavación de valores".

Desde luego, abundan en el mundo cuestionarios sobre la personalidad y otros similares, pero la belleza del Cuestionario de Proust, en mi experiencia, es su capacidad de traer a la superficie los valores *únicos* de cada individuo en torno al amor, el trabajo, la familia, su legado, su estilo de vida y su carácter. Y para subrayar ese punto, incluyo a continuación mis propias respuestas a las preguntas de Proust, junto con las de otros tres practicantes del 10-10-10 que aparecen en estas páginas: Antoine, que utilizó el 10-10-10 para lograr cambios en su centro de trabajo; Heidi, que recurrió al 10-10-10 en busca de valentía y dirección después de morir su esposo; y Maggie, cuya historia sobre cómo ser una madre para su hijo que se encontraba en una crisis se vio transformada por el proceso 10-10-10. Por supuesto, existen algunas coincidencias en nuestras creencias, prioridades, esperanzas y necesidades. Pero observe también cuán diferente es cada uno de nosotros —¡tan diferentes como pueden ser nuestros valores!— y entonces responda usted también las preguntas al final de cada una para conocer los suyos propios.

¿CUÁL ES SU MAYOR MIEDO?

Suzy: Que uno de mis hijos viva con miedo.

Antoine: Morirme solo.

Heidi: Que la próxima vez que la vida me ponga a prueba haya olvidado haber aprendido ya que el miedo no es más que una preocupación que atraviesa por un momento de dramatismo histriónico.

Maggie: Siento temor de que mis hijos se enfermen con la misma enfermedad que hizo a mi abuela temblar y llorar un día y convencerla al día siguiente de que ella era la salvación del mundo. Tengo miedo de que sus vidas no sean "normales".

*Su respuesta:*________________________________

¿CUÁL ES SU ESTADO MENTAL ACTUAL?

Suzy: A pesar de ser una mujer madura y de los duros golpes que he recibido, permanezco alegremente maravillada por todo.

Antoine: Abierto a todo.

Heidi: Dividida. Estoy al fin donde pertenezco en términos del amor, la familia y los amigos, pero siento que hay un propósito en mi vida que aún no he logrado definir.

Maggie: No busco la felicidad. Busco la capacidad de sentir un montón de emociones. Y deseo lo mismo para mis hijos.

*Su respuesta:*________________________________

¿CUÁL ES SU SUEÑO DE LA FELICIDAD?

Suzy: Que Jack me grite: "Suz, saca el vodka y sírveme el mío con mucho hielo", mientras nuestros hijos y él están relajados alrededor de la piscina hablando de la vida, riéndose de mí y preguntando cuándo voy a terminar de preparar la cena porque todo va a tener un sabor delicioso.

Antoine: Amar a otros y saber que ese amor es recíproco.

Heidi: Parte del sueño es mi realidad, un compañero para toda la vida, mis hijos y un sitio que sea nuestro hogar, y la otra parte está aún en proceso de llevarse a término en cuanto a una carrera.

Maggie: Sueño con una vida en desorden vivida auténticamente, llena del ruido causado por mucha actividad, hijos felices, con un hombre a quien amo y admiro, y llena también de amigos que me conocen bien.

Su respuesta: ______________________________________

¿CON CUÁL FIGURA HISTÓRICA SE IDENTIFICA MÁS?

Suzy: Oriana Fallaci. Ella quiso ser relevante.

Antoine: William "Billy" Strayhorn, pianista de jazz. Billy, un hombre negro abiertamente gay, vivió su vida auténticamente enfrentando adversidad y logró un nivel sin precedente de éxito creativo y financiero en su tiempo.

Heidi: Jane Austen, una romántica que no se sentía obligada a excusarse o lamentarse a pesar de sus tendencias realistas.

Maggie: Abraham Lincoln porque, al tiempo que luchó toda su vida contra su enfermedad mental, cambió el mundo.

Su respuesta: ______________________________________

¿A QUÉ PERSONA VIVA ADMIRA MÁS?

Suzy: A mi esposo, por cambiarme a mí y cambiar el mundo.

Antoine: A Oprah Winfrey. Frente a obstáculos inimaginables, se sobrepuso a las limitaciones impuestas por otros en torno a su raza, su género, su peso y la idea preconcebida de lo que era una historia de éxito en Estados Unidos.

Heidi: A mi querida amiga Meg. Gracias a ella entendí por primera vez lo que significaba estar casada.

Maggie: A Bruce Springsteen, porque dio nombre a emociones innombrables para muchos de nosotros y las envolvió en poesía.

*Su respuesta:*____

¿CUÁL ES SU HÉROE DE FICCIÓN FAVORITO?

Suzy: Chip Lambert, el narrador de la épica tragicomedia familiar de Jonathan Franzen *Las Correcciones,* quien vive su vida adulta tratando de "corregir" su historia personal.

Antoine: Luke Spencer de la telenovela *General Hospital.* Un hombre con defectos, inseguridades y temores, resuelto a comportarse mejor y ser mejor de lo que se esperaba de un hombre con sus antecedentes.

Heidi: Buffy Cazavampiros. La sexta temporada de la serie coincidió con el último año de mi difunto esposo y su muerte. Trataba del regreso de Buffy del mundo de los muertos después de estar en el cielo y sus esfuerzos por hacer frente a la vida. Su desesperación y añoranza por regresar reflejaban de cierto modo las mías propias. Igualmente, la manera en que ella simplemente se esforzó y trató de regresar a la normalidad contra sus propios deseos me hacía recordar mi propia experiencia.

Maggie: Jo March de *Mujercitas.* Vivió por las palabras y atemorizó a los jóvenes hasta que encontró y amó a un verdadero hombre.

*Su respuesta:*____________________________________

¿QUIÉN HA EJERCIDO MAYOR INFLUENCIA SOBRE USTED?

Suzy: Sin la menor duda, Jack. Él me enseñó cómo llegar a ser yo misma.

Antoine: Mi madre Maxine. Toda la autoestima, la autoconfianza y la autovaloración que hoy poseo se relacionan directamente con su labor de madre, tanto lo bueno como lo malo.

Heidi: Mi padre, lo cual es raro porque nunca tuvimos una relación estrecha en ningún momento de nuestras vidas, y yo lo intrigaba más de la cuenta. Su estoicismo, su sentido común y su sentido práctico templaron mi naturaleza soñadora e impulsiva. Mi sentido de equidad tiene sus raíces en lo que él trató de enseñarme y lo que me enseñó, sin percatarse de que lo hacía.

Maggie: Mi mejor amiga durante 25 años. Ella es simplemente una persona buena, y me enseñó con su ejemplo las maneras de ser una mejor persona y una mejor madre. ¡Y prepara unas margaritas exquisitas!

*Su respuesta:*____________________________________

¿CUÁL ES SU POSESIÓN MATERIAL MÁS ATESORADA?

Suzy: El nido de un pajarito, con dos huevitos dentro, que le regalé a Jack en nuestra primera cita para simbolizar el comienzo de nuestra vida juntos. Ahora tenemos parejas de pájaros en todas partes.

Antoine: El primer cuento que escribí.

Heidi: No poseo una sola cosa material de la que no pueda prescindir o que no pueda remplazar.

Maggie: Un par de botas de motociclista de hace dos décadas, llenas de polvo, sucias y cómodas. Ahora que soy madre y no ando en motocicleta, me pongo esas botas con sayas anchas para recordar que puedo ser una mujer dura sin dejar de ser femenina.

*Su respuesta:*______________________________________

¿CUÁNDO Y DÓNDE SE SINTIÓ MÁS FELIZ?

Suzy: Sigo sintiéndome cada día más feliz. Es la cosa más asombrosa.

Antoine: Me siento feliz todos los días.

Heidi: Aquí y ahora.

Maggie: La noche que mi segundo esposo me propuso matrimonio. Cantó una canción que él mismo compuso en su guitarra y mis hijos, sentados en mis piernas, cantaron con él para darle el "sí". Pero la mejor parte vino cuando esa misma noche los oí hablando y diciendo: "¿No te pareció ésta una noche increíble? ¡Mami nos dejó comer helado en la comida!".

*Su respuesta:*______________________________________

¿CUÁL ES EL RASGO DE SU PERSONALIDAD QUE MÁS LE AGRADA?

Suzy: De algún modo tengo la capacidad de hacer a la gente sentirse bien acerca de sí mismos.

Antoine: La tenacidad.

Heidi: Usualmente escucho más de lo que hablo.

Maggie: Me gusta el hecho de que resulta fácil conectar conmigo y soy muy realista.

*Su respuesta:*__________________________________

¿CUÁL ES EL DEFECTO PROPIO QUE MÁS DEPLORA?

Suzy: Hablo demasiado rápido y alto y a veces por encima de otras personas que están hablando.

Antoine: La nimiedad.

Heidi: Lo pospongo todo.

Maggie: Las cintas azules y los grandes premios no me definen a mí en la forma en que lo hacían cuando no tenía otra cosa más a que aferrarme, pero puedo ser muy ambiciosa.

*Su respuesta:*__________________________________

¿CUÁL ES EL DEFECTO QUE DEPLORA MÁS EN OTROS?

Suzy: La falsedad... Y su malvada compañera, la arrogancia.

Antoine: El prejuicio.

Heidi: La hipocresía.

Maggie: El esnobismo. Siempre digo que si usted quiere juzgar a alguien, observe cómo trata a los demás.

*Su respuesta:*__________________________________

¿CUÁL ES SU MAYOR EXTRAVAGANCIA?

Suzy: Pues. Mucho. Cavalli.

Antoine: Los zapatos.

Heidi: Antes eran las zapatillas de correr y ahora son las clases de yoga.

Maggie: Las flores frescas y los libros.

*Su respuesta:*__________________________________

Apéndice B

¿CUÁL ES SU JORNADA FAVORITA?

Suzy: Manejar nuestro viejo Jeep rojo contra el viento en el camino de tierra hacia la playa con Jack y los muchachos. Con la capota baja. La música a todo volumen. Todo el mundo gritando. Ridículamente divertido.

Antoine: La jornada llamada vida.

Heidi: El matrimonio.

Maggie: Caminar en una playita cerca de mi terruño en el norte de California. Generalmente hay neblina y mucho viento y de algún modo me hace sentir que mis necesidades y preocupaciones son mucho menores de lo que yo pueda pensar.

*Su respuesta:*______________________________________

¿QUÉ LE DISGUSTA MÁS DE SU APARIENCIA?

Suzy: A los 50 años decidí dejar de odiar mi apariencia. Que sea lo que sea.

Antoine: La piel grasosa.

Heidi: Que luzco delgada de lado que de frente.

Maggie: ¿POR QUÉ me ha salido acné a los 48 años? ¡¡¡No se supone que uno tenga arrugas y acné al mismo tiempo!!!

*Su respuesta:*______________________________________

¿CUÁL ES LA VIRTUD MÁS SOBREVALORADA?

Suzy: La normalidad.

Antoine: La paciencia.

Heidi: Mi fortaleza. Quisiera poder eliminar la frase "Eres tan fuerte" porque no es verdad.

Maggie: La idea de adquirir "balance". Es imposible e incluso poco sincero creer que uno pueda encontrar balance en la vida.

Su respuesta ______________________________________

¿EN QUÉ OCASIONES MIENTE?

Suzy: Después de la frase "A mí no me importa, pero... ".

Antoine: Para encubrir una mentira dicha por alguien a quien amo.

Heidi: Yo no miento. Yo alego ignorancia, cambio el tema o no oigo.

Maggie: He dicho muchas mentiras "blancas"... para evitar herir sentimientos. Según avanzo en edad, comienzo a percibir que no es algo verdaderamente amable y estoy tratando de hallar una manera gentil de decir la verdad acerca de apariencias y capacidades.

*Su respuesta:*______________________________

¿QUÉ PALABRAS O FRASES USA DEMASIADO?

Suzy: Digo "Te amo" unas 100 veces al día, pero francamente no creo que ésta sea una frase que deba usarse demasiado.

Antoine: "Cierto" y "Cállate".

Heidi: "En realidad" e "Interesante".

Maggie: "De veras".

*Su respuesta:*______________________________

SI PUDIERA CAMBIAR ALGO DE SU PERSONALIDAD, ¿QUÉ SERÍA?

Suzy: Volvería a vivir la época entre mis 20 y 30 años. Qué desperdicio de juventud.

Antoine: Más atlético.

Heidi: Podría ser bueno tener un poquitico más de ambición.

Maggie: Mi necesidad de dirigir las cosas.

*Su respuesta:*______________________________

¿CUÁL ES SU MAYOR LOGRO?

Suzy: Mi matrimonio feliz y la familia feliz que hemos construido como resultado de esa unión.

Antoine: Ser yo misma, a pesar del costo.

Heidi: No creo haber llegado al máximo en mi escala de logros.

Maggie: Espero que sea criar a hijos que se conviertan en seres humanos magníficos, buenos y confiados.

Su respuesta: ________________________________

¿DÓNDE LE GUSTARÍA VIVIR?

Suzy: Exactamente donde vivo, que suelen ser un par de lugares realmente diferentes.

Antoine: En la ciudad de Nueva York.

Heidi: En una pequeña comunidad en las montañas o al pie de una montaña en algún lugar de Canadá.

Maggie: Espero mudarme a un lugar donde llueva mucho. Finalmente salgo del closet con mi más extraña confesión: ME ENCANTA LA LLUVIA Y EL FRÍO. Y en realidad odio el verano. Ahí la tiene. Mi confesión.

Su respuesta: ________________________________

¿CUÁL ES LA CUALIDAD QUE MÁS ADMIRA EN UN HOMBRE?

Suzy: La hombría. Me encanta.

Antoine: La honestidad.

Heidi: La sensación de saber exactamente quién es sin importarle el mundo.

Maggie: La necesidad de ser fenomenal de forma relevante. Un gran padre, un gran amante, un gran amigo.

Su respuesta: ________________________________

Apéndice B

¿CUÁL ES LA CUALIDAD QUE MÁS ADMIRA EN UNA MUJER?

Suzy: Su capacidad de ser amiga.

Antoine: Su autoseguridad.

Heidi: Alguien que se sienta cómoda consigo misma.

Maggie: La necesidad de ser fenomenal de forma revelante. La misma que en los hombres.

*Su respuesta:*____

¿QUÉ ES LO QUE MÁS LE DISGUSTA DE LA VIDA?

Suzy: La violencia entre los seres humanos.

Antoine: La pobreza.

Heidi: La prisa para todo.

Maggie: La falta de sinceridad.

*Su respuesta:*____

¿QUÉ ES LO QUE MÁS VALORA EN SUS AMIGOS?

Suzy: Oh, la risa.

Antoine: La veracidad.

Heidi: La lealtad.

Maggie: La honestidad ha sido una dádiva llena de bondad para mí porque me ha permitido cambiar patrones difíciles en mi vida.

*Su respuesta:*____

¿CÓMO LE GUSTARÍA MORIR?

Suzy: En paz con Dios.

Antoine: Viejo, de causas naturales y coherente.

Heidi: Amada lo suficiente para ser recordada.

Maggie: Con mis hijos junto a mí.

*Su respuesta:*____

¿CUÁL ES SU LEMA?

Suzy: "La verdad en amor". (Efesios 4:15)

Antoine: "No puedes ganarle a la verdad".

Heidi: "Simplemente respira".

Maggie: "Encuentra el valor para ser fiel a ti misma".

*Su respuesta:*____________________________________

Printed in the United States
By Bookmasters